Mascha Schacht

Balkon Basics

Stadtgärtnern für Anfänger

Balkon Basics

Stadtgärtnern für Anfänger

Mascha Schacht

INHALT

Herbst & Winter　118

Gestaltung　136

DIE GU-QUALITÄTS-GARANTIE

Wir möchten Ihnen mit den Informationen und Anregungen in diesem Buch das Leben erleichtern und Sie inspirieren, Neues auszuprobieren. Bei jedem unserer Produkte achten wir auf Aktualität und stellen höchste Ansprüche an Inhalt, Optik und Ausstattung. Alle Informationen werden von unseren Autoren und unserer Fachredaktion sorgfältig ausgewählt und mehrfach geprüft. Deshalb bieten wir Ihnen eine 100 %ige Qualitätsgarantie.

Darauf können Sie sich verlassen:
Wir legen Wert auf einen nachhaltigen Umgang mit der Natur im eigenen Garten. Wir garantieren, dass:
• alle Anleitungen und Tipps von Experten in der Praxis geprüft und
• durch klar verständliche Texte und Illustrationen einfach umsetzbar sind.

Wir möchten für Sie immer besser werden:
Sollten wir mit diesem Buch Ihre Erwartungen nicht erfüllen, lassen Sie es uns bitte wissen! Nehmen Sie einfach Kontakt zu unserem Leserservice auf. Sie erhalten von uns kostenlos einen Ratgeber zum gleichen oder ähnlichen Thema. Die Kontaktdaten unseres Leserservice finden Sie am Ende dieses Buches.

GRÄFE UND UNZER VERLAG
Der erste Ratgeberverlag – seit 1722.

🖌 allgemeine Gartenarbeit
🧅 Obst, Gemüse & Kräuter
❀ Zierpflanzen

BAHN FREI FÜR TOPFPFLANZEN

GÄRTNERN IST NUR WAS FÜR GROSS-GRUNDBESITZER? VON WEGEN! OB AUF DEM **BALKON**, DER DACHTERRASSE ODER IM HINTERHOF: PLATZ FÜR BUNTE BLÜTEN, NASCHOBST UND LECKERES GEMÜSE IST AUCH MITTEN IN DER STADT – UND ZWAR **AUF ALLEN ETAGEN**. WOZU NOCH LANGE WARTEN? JETZT HEISST ES TÜR AUF, HANDSCHUHE AN UND EINFACH LOSGEGÄRTNERT!

Begrenzter Platz – grenzenloses Glück

Grau raus, bunt rein: Mit leuchtenden Blüten, jungem Gemüse und frechen Früchtchen sind Balkone, Dachterrassen und Hinterhöfe für manche Überraschung gut. Nix wie ran an Töpfe, Kisten und Kästen!

Balkone sind eine tolle Erfindung – und vielseitig nutzbar, wie ein Blick aus dem Fenster beweist: Sie bieten Platz für den Wäscheständer und leere Getränkekisten, dienen als Outdoor-Kühlschrank und Rauchertreff für die WG-Party und auf einigen verwegenen Exemplaren finden sich sogar Balkonkästen mit roten Geranien. So weit, so gut. Aber

geht da nicht doch noch ein bisschen mehr? Und ob! Ob Sie von knackigem Salat aus eigenem Anbau träumen oder von einem kleinen Zen-Gärtchen, ob Sie exotische Blüten lieben oder gern herrlich süße Beeren naschen möchten – es braucht gar nicht viel, um langweilige Betonschalen oder kaum genutzte Dachterrassen in Miniaturoasen zu verwandeln. Und auch aus vielen Hinterhöfen lässt sich schnell mehr zaubern als ein Abstellplatz für Fahrräder.

Frischer geht's nicht: Selbst gezogenes Gemüse schmeckt am besten und macht nicht nur auf dem Teller was her.

Herrscher über die Töpfe

Die meisten Stadtoasen mögen zwar nur wenige Quadratmeter groß sein, doch im Vergleich zu großen Gärten haben sie einen entscheidenden Vorteil: Die anfallende Arbeit ist überschaubar und der Freizeitwert somit umso höher. Rasenmähen entfällt ohnehin, Unkräuter verirren sich nur in seltenen Fällen in den vierten Stock und Sie können jederzeit neu entscheiden, über wie viele Töpfe und Kästen Sie in Ihrem grünen Reich regieren wollen. Kurzum: Der Balkon ist auch für Gartenanfänger und Menschen mit wenig Zeit super geeignet, um auf Tuchfühlung mit der Natur zu gehen.

Aber Vorsicht, es herrscht Suchtgefahr! Wer einmal erlebt hat, wie aus einem Samenkorn eine strahlend schöne Sonnenblume heran-

Sommerblumen, Stauden und Kübelpflanzen verwandeln Balkone, Terrassen und Hinterhöfe in blühende Oasen.

wächst, wer einmal den unvergleichlichen Geschmack sonnenwarmer Tomaten gekostet hat, der kommt vom Gärtnern so schnell nicht wieder los. Seien Sie sich außerdem darüber bewusst, dass Sie sich fortan in der Rolle des Verführers befinden: Der farbenfrohe Mix aus duftenden Kräutern und blühenden Zierpflanzen, Naschobst und aromatischem Gemüse löst bei Besuchern nicht selten einen starken Haben-wollen-Reflex aus und treibt sie direkt in die Gärtnereien und Gartencenter. Halten Sie also zumindest immer ein paar Samentütchen als Starterpack für Ihre Freunde parat.

Wer ein bisschen Angst vor der eigenen Courage hat, kann beruhigt sein: Niemand wird mit einem grünen Daumen geboren. Eine zarte Grünfärbung stellt sich aber schon nach wenigen Aussaal- und Pflanzaktionen ganz von selbst ein. Wer neugierig an die Sache herangeht und sich Schritt für Schritt vorwärtstastet, dem gelingt auch ohne

großen Aufwand erstaunlich viel. Und selbst wenn einmal etwas nicht auf Anhieb klappt – Ausnahmen bestätigen schließlich nur die Regel und aus solchen Fällen kann man immer noch fürs nächste Mal lernen.

Weil man aber nicht jeden Fehler selbst machen muss, gibt es in diesem Buch viele Tipps und kleine Projekte, die für rasche Erfolgserlebnisse sorgen. Eine Best-of-Reihe stellt einige der beliebtesten und pflegeleichtesten Pflanzen von Gemüse über Zwiebelblumen bis zu Kübelpflanzen vor, natürlich mit den wichtigsten Pflegetipps. Und unter dem Stichwort »Gut sortiert« lernen Sie Pflanzenarten und -gruppen kennen, die aufgrund ihrer herrlichen Vielfalt eine echte Sammelwut auslösen können. Übrigens: Im ganzen Buch zeigen Symbole rechts oben auf den Seiten, ob gerade Gemüse und Co., Zierpflanzen oder allgemeine Arbeiten im Mittelpunkt des Geschehens stehen. Genug geplaudert? Dann legen wir los!

Freunde fürs Leben: Jung, grün, sexy sucht ...

Viele Pflanzen sehen nicht nur blendend aus, das Zusammenleben mit ihnen gestaltet sich meist auch ziemlich harmonisch. Grund genug, ihre bescheidenen Bedürfnisse zu erfüllen.

Kühler Schatten, Morgen- oder Abendsonne oder doch Südlage und dafür häufiger gießen: Überlegen Sie vor der Wohnungssuche, was Ihr Freiluftwohnzimmer bieten soll.

Wer bringt den Müll raus? Warum ist der Abwasch noch nicht gemacht? Und wer hat schon wieder die Zahnpasta offen gelassen?! All diese Diskussionen kann man sich mit grünen Mitbewohnern sparen. Pflanzen sind duldsame Wesen, geben keine Widerworte und bedanken sich bei guter Behandlung mit üppiger Blütenfülle, attraktivem Blattschmuck oder leckeren Früchten. Die Sache hat nur einen Haken: Sie bleiben auch dann stumm, wenn ein paar Informationen ganz hilfreich wären. Und so stellt sich die Frage: Was brauchen Pflanzen zum Leben?

Die Sonnenblume trägt ihre Vorliebe in Sachen Licht schon im Namen.

Lebensraum Topf

In der Natur scheinen Pflanzen von ganz alleine zu wachsen, einige sogar an so extremen Standorten wie der Wüste oder im Wasser. Was soll also das ganze Gerede von Erde, Dünger und Bewässerung? Dazu muss man zweierlei wissen. Zum einen funktioniert in der Natur alles in Kreisläufen. Aus in der Luft enthaltenem Kohlendioxid und Wasser, in dem Nährsalze gelöst sind, stellen die Pflanzen unter Zuhilfenahme von Lichtenergie Blattmasse, Blüten und Früchte her. Fallen diese Blätter, Blüten oder Früchte zu Boden, entsteht daraus nährstoffreicher Humus, der ihnen und anderen Pflanzen als Nahrungsgrundlage zur Verfügung steht. Ein perfektes System. Zum anderen gibt es bei Pflanzen wie bei Menschen unterschiedliche Charaktere: Während sich einige Exemplare zwischen Haufen getragener Socken und alten Pizzaschachteln pudelwohl fühlen, bekommen andere schon beim Gedanken daran eine Gänsehaut. Oder anders gesagt: Eine Seerose hat in der Wüste genauso große Überlebenschancen wie ein Kaktus, den man ins Wasser wirft.

Vor diesem Hintergrund haben Topfpflanzen allerdings ein doppeltes Problem. Erstens können sie sich nicht aussuchen, wo sie wachsen: Sie werden meist spontan nach ihrem Aussehen gekauft, mit nach Hause ge-

Im Schatten hält sich Feuchtigkeit länger und Sie müssen seltener gießen.

Tomaten brauchen im Gegensatz zu vielen Kräutern regelmäßig Dünger.

nommen und haben am dort zugewiesenen Platz gefälligst glücklich zu sein. Auf diese Weise findet sich ein Feuchtigkeit liebender Schattenspezialist mitunter in der prallen Sonne eines Südbalkons wieder und ein sonnenhungriges Gewächs wie der Thymian vegetiert im Schatten vor sich hin. Zweitens ist bei Topfpflanzen der ökologische Kreislauf unterbrochen: Alte Blätter fallen in der Regel neben den Topf, Blüten landen ebenfalls dort oder werden für die Vase abgeschnitten und Früchte verbessern zwar das Nahrungsangebot des Gärtners, stehen somit aber ebenfalls nicht als Humusgrundlage zur Verfügung. Die Folge: Irgendwann hat die Pflanze alle Nährstoffe aus der Topferde

gezogen – die Speisekammer ist leer. Der Gärtner übernimmt es deshalb, sie mithilfe von Dünger wieder aufzufüllen.

Die gute Nachricht: Gerade weil die Natur so viele Spezialisten hervorgebracht hat, findet sich für jeden Platz die passende Art – und am richtigen Platz sind die meisten Pflanzen pflegeleicht. Überlegen Sie sich vor dem Pflanzenkauf also, was für Bedingungen auf Ihrem Balkon, der Dachterrasse oder im Hinterhof vorherrschen und wie viel Zeit Sie für die Bewässerung aufbringen wollen. Dann können Sie gezielt nach geeigneten Pflanzen Ausschau halten oder sich in der Gärtnerei Arten empfehlen lassen. So vorbereitet ist der Erfolg nahezu garantiert.

Pflanzgefäße – super-easy

Kühlschrank, Kleiderschrank, Sperrmüll: Wer preisgünstige Gefäße zum Bepflanzen sucht, wird an den unterschiedlichsten Stellen fündig. Lassen Sie Ihrer Lust am Improvisieren freien Lauf!

Drei-Zimmer-Küche-Bad, aber bitte mit ausfahrbarem Vordach – so anspruchsvoll wie manche Camper sind Pflanzen zum Glück nicht. Für die Aussaat (→ Seite 30) reichen Joghurtbecher oder Eierkartons allemal, Salat fühlt sich auch in einer Obstkiste oder einer ausrangierten Schublade wohl und Blumen verwandeln alte Schuhe in kleine Kunstwerke. Tiefwurzler wie Rosen hingegen lieben Beinfreiheit und brauchen deutlich größere und vor allem höhere Gefäße. Damit sich Rosen wohlfühlen, sollte der Topf mindestens 40 cm tief sein. Generell hat ein großes Pflanzgefäß auch im Hinblick auf die Pflege entscheidende Vorteile. Es passt nämlich mehr Erde hinein und die wiederum wirkt wie ein Wasserspeicher und spart manchen Gießgang. Pflanzen in großen Gefäßen oder in Hochbeeten (→ Seite 64) überstehen zudem Minusgrade besser, da die umgebende Erde wie eine Schutzschicht wirkt.

Ein Topf für alle Fälle

Wichtig ist ein Wasserabzugsloch am Boden, sonst droht Staunässe – nicht gut, das gibt bei Pflanzen zwar keine Schrumpelfinger, lässt aber die Wurzeln faulen. Wo ein Wasserabzug fehlt, bohren Sie einfach selbst ein paar Löcher in den Topf, am besten mit 1–2 cm Durchmesser, damit nichts verstopft.

Ebenfalls einen Gedanken wert ist das Gefäßmaterial. Ton- oder Terrakottatöpfe zum Beispiel sind hübsch, heizen sich nicht auf und lassen die Pflanzen atmen. Dafür sind sie aber nicht ganz billig, schwer und man sollte sich nach der Frosthärte erkundigen. Kunststofftöpfe sind echte Leichtgewichte, preismäßig schwer in Ordnung und verdunsten weniger Wasser. Dafür heizen sie sich im Sommer stärker auf und stehen weniger sta-

Mit Pflanztaschen gewinnen Sie in der Vertikalen zusätzlichen Platz.

bil. Tipp: Bei hohen Kunststoffgefäßen vor dem Bepflanzen Backsteine auf den Boden legen. Modern und praktisch sind Growing Bags, die man nach Gebrauch platzsparend zusammenfalten kann. Leider sind sie nach zwei bis drei Sommern meist ziemlich durch. Einkaufstaschen, beispielsweise aus dem schwedischen Möbelhaus, oder Reissäcke aus dem Asiashop tun es auch und sind als preiswerter Einstieg bestens geeignet.

Einfach mal abhängen

Wo Platz knapp ist, muss man in anderen Dimensionen denken – zum Beispiel in der dritten: Balkonkästen bieten meterweise Blütenspaß und sind in vielen Varianten erhältlich. Besonders pfiffig sind Kästen oder Töpfe, die man einfach über das Geländer stülpt. Auch Pflanzetageren bieten auf wenig Raum viel Platz für zusätzliches Grün. Ihre eigenen »hängenden Gärten« gründen Sie mithilfe von Pflanztaschen, die sich an der Hauswand befestigten lassen, oder mit Blumenampeln und Hanging Baskets aus Drahtgeflecht. Letztere werden rundherum bepflanzt und bilden bald perfekte Blütenkugeln. Damit beim Wässern möglichst wenig Erde ausgespült wird, stattet man die Drahtkörbe mit einer Schicht Sphagnum-Moos aus und füllt erst dann die Erde ein. Noch einfacher geht's mit Einlagen aus Kokosfaser oder Kunststoff. Sie sind mit Schlitzen versehen, durch die man die Pflanzen in die eingefüllte Erde setzt. Ein Pflanzenlift oder ein Kettenzug erleichtert das Gießen. Ampeln und Balkonkästen gibt es übrigens auch mit Wasserspeicher (→ Seite 86).

Ob bunter Kunststoffkorb oder Tontopf, Wasser sollte gut ablaufen können.

Kreative Gärtner lassen Fleißige Lieschen und Co. Höhenluft schnuppern.

Gut geerdet: Substrate für Topfgärtner

Aussaaterde, Tomatenerde und solche für Erdbeeren: Sind Pflanzen denn wirklich so wählerisch? Keine Sorge, bei der »Mission Supersubstrat« ist alles halb so wild.

Info

Manchmal finden sich kleine helle Kügelchen in der Blumenerde. Das sind nicht etwa Schneckeneier, sondern Langzeitdüngerperlen.

Erde dient den Pflanzen als Ankerplatz für die Wurzeln und als Wasser- und Nährstoffspeicher. Gleichzeitig benötigen die Pflanzenwurzeln aber auch Sauerstoff, sonst faulen sie. Eine gute Blumenerde sollte also ausreichend Wasser und Nährstoffe speichern und stabil sein, aber nicht zu sehr verdichten. Im Handel erhältliche Substrate werden aus unterschiedlichen Grund- und Zuschlagstoffen (z. B. Ton, Sand oder Kalk) zusammengestellt, um möglichst gute Pflanzeigenschaften zu erreichen. Sand und Lavagranulat beispielsweise machen das Gemisch durchlässiger und lassen mehr Sauerstoff an die Wurzeln, während Ton besonders viel Wasser und Nährstoffe speichert.

Mix it, baby!

Aus ökologischen Gründen wollen immer mehr Hobbygärtner auf torfhaltige Erden verzichten. Die Aufschrift »Bio-Erde« sagt allerdings wenig aus, achten Sie stattdessen auf den Aufdruck »torffrei« oder »ohne Torf«. Hier bilden Kompost, Rindenhumus, Holz-, Kokos- oder Hanffasern die Grundlage. Einziger Nachteil: Manche torffreien Substrate verdichten stark, wenn sie nass werden. Hier hilft es, so lange Sand unterzuarbeiten, bis das Gemisch deutlich lockerer wird. Bei auffallend günstigen Blumenerden ist es oft umgekehrt: Sie basieren auf Torf mit hohem Feinanteil. Einmal ausgetrocknet, lassen sie sich nur schwer wieder benetzen und sind darum wenig empfehlenswert. Wer bereits solche Erde gekauft hat, verbessert sie mit Kompost: Er bindet Wasser und liefert Nährstoffe. Mischen Sie so viel unter, dass das Substrat einige Sekunden zusammenhält, wenn Sie es in der Hand zusammenpressen. Spezialerden sind selten nötig. Ausnahmen sind Aussaaterde (→ Seite 34) und Moorbeeterde, die für Rhododendren, Hortensien und Blaubeeren optimal ist.

Bei Blumenerde lohnt es sich, in hochwertige Produkte zu investieren.

Schnell gemacht

BRIKETTS – ERDE IM KLEINFORMAT:

1. Briketts ins Wasser legen

Blumenerde-Briketts bestehen aus ganz normalem Substrat, dem unter Druck Wasser und Luft entzogen wurden. Das Ergebnis sind handliche und vor allem leichte Ziegel, die sich auch prima auf Vorrat lagern lassen. Sie sind zwar auf den Literpreis gerechnet etwas teurer als Sackware. Besonders Pflanzenfans ohne Auto werden sie aber garantiert zu schätzen wissen – der Nachhauseweg von der Bushaltestelle kann mit einem 40-Liter-Sack auf der Schulter nämlich ganz schön lang werden ... Zu Hause angekommen brauchen Sie nichts weiter zu tun, als die Briketts auszupacken und in einen Eimer mit Wasser zu legen. Die genaue Literzahl steht auf der Verpackung.

2. Erde quellen lassen

Nun dauert es etwa 20 Minuten, bis sich die zusammengepressten trockenen Fasern mit Wasser vollgesaugt haben und auseinanderfallen. Haben Sie sich an die Wassermenge gehalten, die auf der Packungsanleitung steht, sollte das Endergebnis ein lockeres Substrat sein, dass Sie direkt weiterverwenden können. Da es sich bei den Briketts aber um Naturprodukte handelt, kann die Wasseraufnahme und entsprechend die Konsistenz der Erde nach dem Quellen schwanken. Starten Sie daher lieber mit etwas weniger Wasser und fügen Sie bei Bedarf noch ein bisschen hinzu. Umgekehrt müssten Sie erst abwarten, bis das stark vernässte Substrat wieder abgetrocknet ist – und das nervt, wenn man doch eigentlich mit dem Bepflanzen loslegen will. Ein Brikett ergibt je nach Produkt zwischen sieben und zwölf Liter Substrat.

Tropfen für Tropfen: Richtig gießen

Manche Pflanzen brauchen mehr davon, andere weniger, aber ganz ohne geht es nie: Gießen ist für Topfgärtner die wichtigste Arbeit – und praktischerweise auch die einfachste. Wasser marsch!

Die Grundregel für clevere Gärtner lautet: Wenn Sie gießen, dann ausgiebig, damit das Wasser auch in die tieferen Erdschichten gelangt. Etwas schwierig gestaltet sich das mitunter, wenn das Substrat schon ganz ausgetrocknet ist. Gerade stark torfhaltige Blumenerden versiegeln dann regelrecht. Hier empfiehlt es sich, etappenweise zu gießen. Beim ersten Mal nur gerade so viel, dass die Erdoberfläche bedeckt ist, und sobald das Wasser versickert ist, ein zweites Mal. Derartige Substrate können Sie übrigens verbessern, indem sie Kompost oder

Wasserspeichergranulat einarbeiten, mit denen die Erde das Wasser besser halten kann. Balkonkästen und Blumenampeln gibt es auch mit integriertem Wasserreservoir. Nach dem Pflanzen wässern Sie einige Wochen ganz normal, bis die Wurzeln das Reservoir erreicht haben. Danach verlängern sich die Gießintervalle deutlich. Balkonkästen kann man mit zuschneidbaren Wasserspeichermatten nachrüsten. Sie werden vor dem Befüllen auf den Kastenboden gelegt.

Timing ist alles

Wie oft Sie Ihre Pflanzen wässern müssen, hängt auch vom Gießzeitpunkt ab. In der Mittagshitze zu gießen fällt in die Kategorie »gut gemeint«: Ein Großteil des Wassers erreicht die Pflanzenwurzeln nie, weil es noch an der Erdoberfläche verdunstet. Außerdem wirken Wassertropfen auf Blättern und Blüten wie kleine Brenngläser und können Sonnenbrand verursachen. Der optimale Gießzeitpunkt um vier Uhr morgens ist allerdings auch keine echte Alternative – es sei denn, man kommt gerade von einer Party nach Hause oder nutzt einen teuren Bewässerungscomputer. Am besten greifen Sie also abends zu Gießkanne oder Gartenschlauch, wenn Erde und Luft schon deutlich abgekühlt sind. Apropos Schlauch, es gibt auch

Mediterrane Kräuter kommen mit wenig Wasser aus, zu viel schadet.

Schnell gemacht

GIESSKANNE AUFPEPPEN:

Grüner Kunststoff oder blanker Zink ist Ihnen zu langweilig? Dann nutzen Sie doch einen Regentag und verleihen Sie Ihrer Gießkanne ein neues Outfit.

* Reinigen und trocknen Sie die Gießkanne zunächst gründlich. Dann zeichnen Sie das gewünschte Motiv auf die Gießkanne, eventuell mithilfe einer passenden Schablone. Im Internet finden Sie viele Vorlagen zum Ausdrucken.
* Malen Sie die Muster mit Acryllack nach und lassen das Ganze trocknen. Wenn es ganz schnell gehen soll: Selbstklebende Kunststofffolien, die es als Wanddekoration in allen Größen und Farben gibt, verschönern auch Gießkannen.

Anschlüsse für Indoorwasserhähne – eine feine Sache, wenn Sie eine große Dachterrasse oder einen reich bestückten Hinterhof zu versorgen haben. Hier können Sie auch eine Regentonne aufstellen. Regenwasser hat einen niedrigeren pH-Wert als kalkhaltiges »hartes« Leitungswasser. Besonders Moorbeetpflanzen wie Hortensien und Blaubeeren freuen sich darüber. Auf dem Balkon gießt man meist mit der Gießkanne.
Wer viele kleinere Töpfe hat, sollte sich eine zweite Kanne mit dünnem Hals zulegen. Damit kommt man gut unter das Grün und gießt nicht ständig daneben. Andernfalls vernachlässigt man die schwierigen kleinen Töpfe oft unwillkürlich und wässert die

bequem zu erreichenden großen Kübel umso stärker. Grundsätzlich ist es gut, wenn die Pflanzgefäße neben einem Wasserabzugsloch eine Drainage besitzen. Diese – je nach Topftiefe – 3 bis 10 cm hohe Schicht aus Kies oder Blähtonkügelchen am Topfboden sorgt für zügigen Wasserablauf und ausreichende Belüftung und verhindert, dass die Wurzeln faulen. Das wäre nämlich fatal: Kaputte Wurzeln können kein Wasser aufnehmen, was zu sichtbar schlappen Pflanzen führt. Oft meint man dann, noch mehr gießen zu müssen – ein Teufelskreis. Daher vor dem Gießen am besten immer einen Finger etwa 2 cm tief in die Erde stecken und fühlen, ob sie nicht doch noch feucht ist.

Es ist angerichtet: Powerfood für Pflanzen

»Esst viel Obst und Gemüse, damit ihr groß und stark werdet«, diesen Spruch kennt wohl jeder. Aber was macht Obst, Gemüse und Zierpflanzen groß und stark? Hier kommt die Menükarte ...

Sehr preiswert bekommen Sie Kompost im städtischen Kompostwerk. Oder Sie stellen sich daheim einen Komposter oder eine Wurmkiste auf (→ Seite 98).

Obstbäume beschenken uns körbeweise mit knackigen Früchten, Zucchini reifen im Sommer am laufenden Band und viele Sonnenblumen werden im Laufe weniger Monate bis zu 3 m hoch: Es sind Höchstleistungen, die Pflanzen jedes Jahr erbringen – wie schaffen sie das bloß? Mit Wasser, Luft und Liebe allein ist es in der Tat nicht getan, auch Pflanzen sind auf Nährstoffe angewiesen, allen voran Stickstoff, Phosphor und Kalium. In der Natur, wo sich alles in Kreisläufen vollzieht, stehen sie ihnen jedes Jahr in annähernd gleichen Mengen zur Verfügung. Wo der Mensch pflanzliches Material entfernt, indem er Obst und Gemüse erntet oder Blumen schneidet, muss der Kraftstoff von außen zugeführt werden. Wann und wie oft Sie düngen müssen, hängt vom Wachstumsrhythmus der Pflanzen ab und vom individuellen Appetit der verschiedenen Arten. Am wichtigsten ist ein ausreichendes Nährstoffangebot für die meisten Pflanzen zu Saisonbeginn und während der Blütezeit bzw. wenn sich die Früchte bilden.

Slow Food oder Fast Food?

Bei der Frage nach dem Womit haben Sie grundsätzlich die Wahl zwischen organischem Dünger und sogenannten Mineraldüngern. Die bekanntesten organischen Dünger sind Kompost, Hornspäne und Hornmehl. Ihre Vorteile: Sie geben ihre Nährstoffe erst nach und nach an die Umgebung ab und wirken dadurch über viele Wochen hinweg. Untergemischter Kompost verbessert außerdem die Struktur des Pflanzsubstrats. Für größere Kübel und Hochbeete ist dieser Dünger gut geeignet. In kleineren Töpfen hingegen gestaltet sich das Hantieren damit oft kompliziert, weil schlicht zu wenig Platz im Topf ist. Hier empfehlen sich Mineraldünger. Sehr komfortabel sind Langzeitdünger: In Form von Düngerperlen werden sie zu Saisonbeginn in das Substrat eingearbeitet oder in Form von Stäbchen oder Kegeln einfach in die Erde hineingedrückt (→ Foto). Die Menge hängt vom Produkt und der Topfgröße ab und ist jeweils auf der Verpackung angegeben. Mit Langzeitdüngern können Sie das

Düngestäbchen einfach in die Erde stecken. Sie versorgen die Pflanzen mehrere Wochen lang.

Damit Hibiskus so toll blüht, sollte er einmal wöchentlich Flüssigdünger erhalten.

Thema Düngung (je nach Produkt) für etwa zehn Wochen abhaken. Sie haben allerdings einen kleinen Nachteil: Wie viele Nährstoffe sie nach und nach freisetzen, hängt von der Temperatur und der Substratfeuchtigkeit ab. Deshalb können die Depots schon auch mal ein paar Wochen früher leer sein.

Pflanzen, die nach einigen Wochen Glanz und Gloria plötzlich in ihrer Blühfreudigkeit nachlassen oder gelbe Blätter bekommen, sind ein Fall für einen schnell wirkenden Flüssigdünger. Dieser kann mineralisch und/ oder organisch sein, wird ein- bis zweimal wöchentlich dem Gießwasser zugesetzt und kann von den Pflanzen gut verwertet werden. Er eignet sich besonders für unermüdlich blühende Einjährige wie Petunien oder Zauberglöckchen (*Calibrachoa*) sowie für Vielfraße wie Tomaten oder Zucchini. Obst- und Ziergehölze sowie viele Gemüsearten und Stauden (→ Seite 46) sind meist weniger hungrig. Ein paar Handvoll Kompost oder etwas Langzeitdünger zum Saisonstart genügen ihnen für die ganze Saison. Achtung: Düngen Sie nicht nach dem Motto »Viel hilft viel«! Pflanzen, die dauerhaft zu viel futtern, bekommen ein schwammiges Gewebe. Schädlinge und Krankheiten haben dann leichtes Spiel. Übrigens, Gemüse und Zierpflanzen können Sie gleichermaßen mit normalem Balkonpflanzendünger versorgen. Lediglich für Zitruspflanzen und Moorbeetpflanzen wie Hortensien und Heidelbeeren ist ein Spezialdünger empfehlenswert.

Fit for fun: Gesunde Topfbewohner

Vorbeugen ist besser als Schadensbegrenzung, das gilt auch im Topfgarten. Die gute Nachricht: Hier ist Pflanzenschutz oft leichter als im normalen Garten – und kann sogar richtig Spaß machen.

Töpfe, Erde und den übrigen Gartenkram zig Stockwerke hinaufzuschleppen schlaucht ganz schön. Dafür ist aber auch vielen Schädlingen der Weg zu weit. Kein noch so knackiger Salat wird eine Schnecke dazu verleiten, ein meterlanges Regenrohr hinaufzukriechen und die Möhrenfliege versagt angesichts der Höhe kläglich. Ähnliches gilt für das Unkraut: Zwar wird der eine oder andere Samen durchaus mal auf Balkon oder Dachterrasse geweht. Doch oft finden sie schlicht keinen Platz, um sich anzusiedeln, und selbst wenn, ist es bei der überschaubaren Pflegefläche im Nu gezupft. Auch im Hof machen Töpfe und Hochbeete vielen Invasoren das Leben schwer.

Auf zum Widerstand!

Sie können außerdem aktiv viel für gesunde Pflanzen tun. Das beginnt schon bei der Sortenwahl. Ob Obstgehölze, Gemüse oder Zierpflanzen, viele Züchtungen sind gegenüber typischen Krankheiten besonders widerstandsfähig. Wer vor dem Kauf gezielt nach resistenten Sorten fragt, spart sich viel Ärger. Grundsätzlich gilt: Optimal versorgte Pflanzen sind weniger anfällig für Krankheiten und Schädlinge. Selbst hergestellte oder gekaufte Pflanzenauszüge, etwa aus Ackerschachtelhalm, Rainfarn oder Brennnesseln, können ebenfalls dazu beitragen, sofern sie richtig dosiert werden. Bei großen Hochbeeten lohnt es sich, die Regeln der Mischkultur zu beachten: Setzen Sie möglichst keine nahe verwandten Pflanzen wie Bohnen und Erbsen neben- oder zeitlich hintereinander, da sie dieselben Schädlinge anziehen. Positiv wirken sich viele Kräuter aus, denn sie halten diverse Schädlinge fern, zum Beispiel Bohnenkraut die Bohnenlaus und Knoblauch die Möhrenfliege (→ Foto).

Köche lieben den Duft, vielen Schädlingen hingegen stinken Kräuter ganz gewaltig.

Ein weiterer wichtiger Punkt ist die Hygiene. Keine Sorge, Sie müssen Ihre Lieblinge nicht jeden Morgen mit unter die Dusche nehmen, aber Ihre Gartenwerkzeuge sollten Sie von Zeit zu Zeit reinigen und mit Alkohol desinfizieren. Insbesondere gilt das für Scheren, denn jeder Schnitt ist eine Wunde und damit eine mögliche Eintrittspforte für Bakterien, Viren und Pilze. Wenn die Schere erst mit einer kranken Pflanze in Berührung kommt und dann mit einer gesunden – dumm gelaufen. Zielen Sie zudem beim Gießen direkt auf die Erde und stellen Sie die Töpfe nicht zu eng. Dadurch bleiben die Pflanzen trocken bzw. trocknen nach einem Regenguss rasch ab. Das ist vorteilhaft, da sich viele Krankheitserreger nur in einem feuchten Milieu vermehren und fortbewegen können.

Teamwork

Gärtner knirschen beim Anblick von Blattläusen meist mit den Zähnen – andere haben sie im Wortsinne zum Fressen gern: Die Larven solch hübscher Zeitgenossen wie Marienkäfer, Florfliege und der als Wespe getarnten Schwebfliege vertilgen die Pflanzensaftsauger gleich dutzendweise, auch Ohrwürmer nehmen gerne am Festmahl teil. Grund genug, sie gastfreundlich zu empfangen oder gezielt mit passenden Behausungen anzulocken. Ein mit Holzwolle gefüllter Tontopf, ein Bündel Schilfrohr oder ein mit Bohrlöchern versehener Holzscheit werden gerne angenommen und bieten auch Wildbienen eine gemütliche Kinderstube. Attraktive Insektenhotels in verschiedenen Größen gibt es auch fertig zu kaufen.

Asternblüten locken zahlreiche Nützlinge und attraktive Schmetterlinge an.

Ein selbst gebautes Insektenhotel bietet Nützlingen Unterschlupf.

Gesundheitscheck: Ernstfall eingetreten

Man kann so vorsichtig sein, wie man will, manchmal erwischt es doch einen der Schützlinge. Hier kommen die wichtigsten Tipps, damit der Topfgarten nicht zur Krankenstation wird.

Eigentlich müssten Gärtner Blattläuse lieben, denn hier ist wenigstens auf den ersten Blick zu sehen, wer den Pflänzchen zu Leibe rückt (→ Foto). Noch dazu können Sie die kleinen Pflanzensaftsauger einfach mit dem Gartenschlauch abspritzen oder kleinere Balkonbewohner unter die Dusche stellen. Besonders easy, wenn die Ekelschwelle nicht zu hoch ist: Die Blattläuse mit den (behand-

Bei Blattlausbefall an Rosen können Sie die Pflanze mit einem scharfen Wasserstrahl abspritzen.

schuhten) Fingern abstreifen. Grundsätzlich gilt: Wer seine Pflanzen regelmäßig aus der Nähe anschaut, bemerkt Schädlinge oder Krankheiten frühzeitig und hat gute Chancen, sie in den Griff zu bekommen.

Quarantäne für Kranke

Pflanzen, die »irgendwie komisch« aussehen, sollten Sie als Erstes vorsichtshalber von den anderen separieren. Anschließend können Sie recherchieren, was dem grünen Mitbewohner fehlt. Tipp: Nehmen Sie den Patienten, befallene Pflanzenteile oder entsprechende Fotos mit in die örtliche Gärtnerei. Das fachkundige Personal kann Ihnen häufig bei der Frage weiterhelfen, was dem armen Tropf fehlt. Frühzeitig reagieren sollten Sie, wenn sich Spinnmilben über Ihre Lieblinge hermachen. Diese Tierchen sind besonders fies, da extrem klein und nur mit der Lupe zu erkennen. Schauen Sie genau hin, wenn Pflanzen auffällig viele Blätter verlieren, obwohl diese nicht vertrocknet aussehen: Bestehen die hellen Blattflecken aus vielen winzigen Pünktchen oder sind gar schon feinste Gespinste zu erkennen, steht der Übeltäter fest. Spinnmilben lieben trockenes Klima, deshalb hilft es anfangs noch, befallene Pflanzen abzuspülen und sie dann täglich mit viel Wasser aus der Sprüh-

Regelmäßiges Besprühen mit Wasser mögen Spinnmilben gar nicht – gut so!

Eine Strohschicht unter den Erdbeeren beugt einem Befall mit Grauschimmel vor.

flasche einzunebeln. Bei fortgeschrittenem Befall empfehlen sich vergleichsweise mild wirkende Rapsöl- oder Neem-Präparate, die auch gegen andere saugende Insekten wie die Weiße Fliege wirken. Letztere richtet sich gerne auf der Unterseite von Gurkenblättern häuslich ein, ist aber nur bei massivem Befall ein Problem. Gegen eine Blattlausinvasion können Sie mit selbst angesetzter Seifenlauge aus 20 g Kali-Seife pro 1 Liter Wasser vorgehen. Bei Woll- und Schildläusen, die sich unter einer Behaarung oder einem festen Wachsschild verbergen, setzen Sie zusätzlich 20 ml Spiritus zu.

Man sollte jedoch stets abwägen und sich in der Gärtnerei, bei einem Gartenbauverein oder ähnlichen Einrichtungen beraten lassen, ehe man zu einem Haus- oder Pflanzenschutzmittel greift. Obst- und Gemüsepflanzen möchten die meisten Hobbygärtner ohnehin nicht spritzen, schließlich landen die Früchte anschließend auf dem eigenen Teller. Zudem schädigen derartige Mittel ausnahmslos (!) auch andere Tiere – die häufig auf Produkten abgedruckten Schlagworte »nicht bienengefährdend« oder »nützlingsschonend« sind relativ. Und: Pflanzenschutzmittel beseitigen nicht die Ursachen. Diese sind ungünstige Standortbedingungen, Pflegefehler oder fehlende tierische Gegenspieler (→ Seite 20). Vorbeugen ist auch im Hinblick auf Bakterien und Viren das Allerwichtigste, denn bei einer solchen Erkrankung können Sie nicht viel tun, außer die befallenen Pflanzen bis ins gesund aussehende Gewebe zurückzuschneiden und die Abfälle über den Hausmüll zu entsorgen. Dieses Vorgehen ist auch bei Schadpilzen wie Mehltau empfehlenswert, den Sie am weißlichen Belag erkennen. Auch vielen Pilzerkrankungen können Sie durch einfache Maßnahmen vorbeugen, zum Beispiel der berüchtigten Kraut- und Braunfäule bei Tomaten (→ Seite 92).

Grundausstattung für Topfgärtner

Für Balkongärtner gilt: Warum in Gartengeräte investieren, wenn man vom selben Geld tolle Pflanzen kaufen kann?! Unter diesen Voraussetzungen macht der Besuch im Gartencenter doppelt Spaß.

Rasenmäher, Vertikutierer, Schubkarre, Astschere: Das alles brauchen Sie nicht! Um mit dem Topfgärtnern loszulegen, ist genau genommen nicht mehr notwendig als Freude an Pflanzen, Lust, etwas Neues auszuprobieren, und ein bisschen Kreativität. Zwar gibt es eine Grundausstattung, die einige Arbeiten erleichtert oder den anschließenden Seifenverbrauch reduzieren hilft. Aber selbst im Studentenhaushalt findet sich in der Regel für alles Ersatz: Gießkanne? Da tut es auch die leere Weinflasche oder ein Messbecher. Ein Schäufelchen, um Joghurtbecher und Obstkisten mit Erde zu befüllen? Wozu hat man Hände, netterweise sogar gleich zwei davon?! Und eine Gabel leistet sogar gleich zweimal wertvolle Dienste – die Zinken, um verdichtete Erde zu lockern, der dünne Stiel, um Sämlinge zu pikieren (→ Seite 34).

Gut und günstig

Auf der rechten Seite finden Sie eine Liste mit Dingen, die zur Hand zu haben trotz allem sinnvoll ist. Allerdings muss dafür niemand sein Sparschwein schlachten. Die günstigsten Varianten erfüllen ihren Zweck in der Regel ebenso zuverlässig wie teure Markenprodukte. Das einzige Gartengerät, bei dem man keine Abstriche machen sollte, ist die Schere. Klar, ein bisschen Schnittlauch kann man auch mit der Haushaltsschere ernten. Aber sobald regelmäßige Rückschnitte anfallen, etwa bei Rosen, Kübelpflanzen und Stauden, lohnt sich eine ordentliche Schere, die mittelstarke Triebe ebenso zuverlässig kappt wie dünne Zweiglein. Als Universalhilfe empfiehlt sich eine Bypass-Schere: Ihre beiden Klingen gleiten wie bei einer normalen Haushaltsschere aneinander vorbei. Sie eignet sich sehr gut für weiche bis mittelfeste Triebe und vermeidet Quetschungen.

Keinen Topf zur Hand? Tomaten können Sie direkt in den Erdsack pflanzen.

1 **Handschaufel** Zum Befüllen von Töpfen mit Erde.

2 **Gießkanne** Wird Ihnen bald vertraut vorkommen.

3 **Gartenschere** Freund und Helfer in vielen gärtnerischen Lebenslagen.

4 **Bindematerial** Von Juteschnur bis zu gummiertem Draht geht alles, was die Triebe nicht einschneidet.

5 **Bambusstäbe** Der Klassiker für alles, was eine Stütze benötigt. Auch super geeignet, um einfache Rankhilfen zu basteln.

6 **Handharke** Hilft beim Lockern, falls die Erdoberfläche doch mal Ähnlichkeit mit Beton aufweist.

7 **Pikierholz** Damit fühlt man sich schon fast wie ein Profi – ein Stäbchen vom Asia-Imbiss oder ein Löffelstiel tut's aber auch.

8 **Sieb** Zum dünnen Bestreuen der Aussaat mit Erde.

9 **Sprühflasche** Feuchtet nach der Aussaat die Erde an, ohne Samen wegzuschwemmen.

10 **Gefäße** Irgendwo müssen Erde und Pflanzen schließlich rein.

11 **Pflanzunterlage** Hält Balkon oder Küchentisch sauber, ebenso das Auto beim Pflanzentransport.

12 **Handschuhe** Sollten gut passen, da man sonst kein Gefühl in den Händen hat.

FRÜHLING

DAS WURDE ABER AUCH ZEIT! ENDLICH SIND DIE MONATE DES WARTENS VORBEI. DIE **VÖGEL** BEGRÜSSEN UNS MORGENS MIT EINEM FRÖHLICHEN LIEDCHEN, DIE **SONNE LACHT** VOM BLAUEN HIMMEL – UND DIE BUNTEN SAMENTÜTCHEN IM GARTENCENTER BRINGEN UNS **IN VERSUCHUNG**. DAS EINZIGE PROBLEM: FÜR WELCHE SOLL MAN SICH BLOSS ENTSCHEIDEN?!

Lust auf ... Frühlingsfrische!

ZWIEBELBLUMEN-MINIS
Ei, sind die niedlich!

Sie brauchen: Eierpalette * Eier * Moos * Zwiebelblumen, z.B. Schneeglöckchen, Traubenhyazinthen, Krokusse

1. Eier aufschlagen und Inhalt zur späteren Verwendung in den Kühlschrank stellen. Schalen gründlich mit heißem Wasser ausspülen.

2. Umhüllen Sie die Blumenzwiebeln mit dem Moos, dass Sie vorher etwas befeuchtet haben. Dann setzen Sie das Ganze vorsichtig in die Eierschalen.

3. Die Eiervasen in der Palette arrangieren. Wer mag, verziert die Palette mit etwas Moos. Nicht vergessen: Rührei machen und am geschmückten Tisch genießen.

HYAZINTHENGLÄSER
Bastelfantasie treibt Blüten

Sie brauchen: Hyazinthenzwiebeln * PET-Flaschen in einer Größe von 0,5–1 Liter * Cuttermesser

1. Schraubverschluss entfernen. Flasche halbieren und den oberen Teil mit dem Hals nach unten in die untere Flaschenhälfte stecken. Bis zur Hälfte des Flaschengewindes mit Wasser füllen.

2. Nun eine Zwiebel in die umgedrehte Flaschenhälfte setzen – sie darf keinen direkten Kontakt mit dem Wasser haben! Bei ca. 8 °C dunkel stellen, bis sich lange Wurzeln gebildet haben.

3. Dann hell und warm, aber nicht direkt neben der Heizung platzieren. Bald sprießen Blätter und herrlich duftende Blüten.

SALWEIDE MIT PRIMELN
Schnell gemacht

Sie brauchen: 1 Salweiden-Hochstämmchen * 1 Pflanzgefäß * 3–5 Primeln (je nach Topfgröße) * Blumenerde * Gießkanne

1. Setzen Sie das Hochstämmchen in das mit einer Drainageschicht und bereits etwas Erde befüllte Pflanzgefäß.

2. Füllen Sie rundum Erde auf. Der Wurzelballen muss so tief im Topf sitzen, dass Sie nun bequem die Primeln darübersetzen können und dennoch ein etwa 2 cm hoher Gießrand bleibt.

3. Zuletzt noch angießen, damit die Pflanzen gut einwurzeln – fertig.

KRESSEBROT
Mit selbst gezogener Kresse

- - - - - - - - - - - -

Zutaten: Teller oder Schale * 2 – 3 Küchentücher oder etwas Watte * Kressesamen * Sprühflasche mit Wasser

1. Breiten Sie eine Handvoll Watte oder zusammengelegte Papiertücher auf dem Teller aus und befeuchten Sie sie.

2. Darauf verteilen Sie die Kressesamen gleichmäßig dicht und besprühen sie mit Wasser. In den kommenden Tagen nicht austrocknen lassen.

3. Nach spätestens einer Woche können Sie die Sämlinge mit einer Schere abschneiden. Auf einer Scheibe frischem Brot mit gesalzener Butter oder Frischkäse verteilen und genießen.

EIER FÄRBEN
Natürlich mit Naturfarben

- - - - - - - - - - - -

Sie brauchen: Für Rotviolett: Schalen von Roter Beete oder 1 Handvoll Rotkohlblätter * Braun: Zwiebelschalen oder Kaffeesatz * Grün: Spinat oder Petersilie * Gelb: Curcuma

1. Das Wasser mit dem jeweiligen Zusatz etwa 30 Minuten kochen. Dann die Eier hineingeben und für weitere 10 Minuten mitkochen.

2. Ein Schuss Essig im Kochwasser sorgt für intensivere Farben, Einreiben mit einer Speckschwarte oder etwas Öl für Glanz.

3. Sie benötigen je 1 Handvoll Material auf 1 Liter Wasser. Beim Curcuma (aus dem Gewürzregal im Supermarkt) genügen 20 g Pulver.

BÄRLAUCH-PESTO
Frisch geerntet vom Balkon

- - - - - - - - - - - -

Zutaten (2 Pers.): 1 Handvoll Bärlauch * 100 g Pinienkerne; alternativ geriebene Mandeln oder Haselnüsse * 75 ml Olivenöl * Salz * Pfeffer * 50 g Parmesan oder Pecorino

1. Bärlauch waschen und sorgfältig trockentupfen.

2. Zusammen mit dem Öl und den Pinienkernen oder Nüssen im Mixer eine geschmeidige Masse herstellen.

3. Mit Salz und Pfeffer abschmecken.

4. Den Käse reiben und hinzufügen.

5. 200–300 g Spaghetti in Salzwasser bissfest kochen. Beim Abgießen etwas Nudelwasser auffangen.

6. Die Nudeln mit dem Pesto mischen, eventuell etwas Nudelwasser zugeben.

7. Tipp: Für Pesto auf Vorrat nur Bärlauch und Öl mischen und in ein zuvor ausgekochtes Schraubglas füllen. Mit Öl bedeckt hält sich das Pesto im Kühlschrank mehrere Wochen. Übrige Zutaten kurz vor dem Verzehr ergänzen.

Vorkultur: Blitzstart für Ungeduldige

Schon seit Wochen kribbelt es begeisterten Gärtnern in den Fingerspitzen: Wann kann es endlich mit der Aussaat losgehen? Zum Glück gibt es auch unter den Pflanzen echte Frühstarter.

> Säen Sie Zucchini, Gurken und Tomaten in biologisch abbaubare Töpfchen. Diese können Sie später einfach mit einpflanzen, ohne die Wurzeln zu beschädigen.

Es fühlt sich einfach toll an, wenn sich die Fensterbänke mit Saatschalen und Töpfchen füllen! Aber weshalb bekommen einige Arten überhaupt eine solche Sonderbehandlung, während andere direkt ins Freiland gesät werden? In erster Linie hat das mit der Herkunft der Pflanzen zu tun. Tomaten beispielsweise sind in Südamerika beheimatet. In unseren Breiten wäre der Sommer für sie schlicht zu kurz, um blühen und Früchte bilden zu können. Deshalb dürfen sie es sich im warmen Haus bequem machen, bis Ende Mai keine Nachtfröste mehr drohen. Bis dahin haben die Pflänzchen schon eine ordentliche Größe erreicht und können draußen richtig durchstarten. Ähnliches gilt für Paprika, Auberginen und Gurken. Doch auch andere Arten profitieren vom Vorziehen: Bohnen, Salat und Kohlgewächse etwa können auf diese Weise geschützt vor Läusen, Schnecken und Co. heranwachsen, bis sie eine gewisse Mindestgröße besitzen und dadurch widerstandsfähiger sind.

Lichte Momente

Salat, Paprika und Kohlrabi stehen Anfang März als Erste in den Startlöchern. Früher sollten Sie allerdings nicht mit der Aussaat beginnen, auch wenn es naheliegend scheint; schließlich hätten die Pflanzen da-

durch einen noch größeren Wachstumsvorsprung. Diese gute Absicht scheitert jedoch am Lichtmangel: Bis etwa Ende Februar ist es auf der Fensterbank einfach nicht hell genug. In der Folge recken und strecken sich die Keimlinge dem Licht entgegen und bilden unnatürlich lange dünne Stängel. Dadurch sind sie weniger standfest und weniger widerstandsfähig gegenüber Krankheiten und Schädlingen. Im Gewächshaus sieht das etwas anders aus, denn hier fällt das Licht

Paperpots: Aus Zeitungspapier lassen sich im Nu kleine Töpfchen basteln.

Tomaten müssen vorgezogen werden, damit die Früchte vor dem Herbst ausreifen.

Je heller die Schalen stehen, desto besser entwickeln sich die Pflänzchen.

von allen Seiten auf die Sämlinge und das Spezialglas schluckt nicht so viel Strahlung wie gewöhnliche Fensterscheiben.

Tipp: Es gibt auch Mini-Gewächshäuser für Hof und Balkon. Das lohnt sich auch, wenn sich auf der Fensterbank ab Mitte März akuter Platzmangel einstellt. Nun dürfen nämlich auch Tomaten, Kräuter sowie viele Sommerblumen und Stauden wie Horn-Veilchen und Schlüsselblumen (→ Seite 42) den Pflanzenkindergarten besuchen.

Bei Tomaten und anderen Pflanzen mit mittelgroßem Saatgut teilen sich je drei bis fünf Samenkörner ein Töpfchen, die schwächeren Sämlinge werden später entfernt. Besonders einfach ist die Aussaat bei Gurken, Kürbis-

sen und den pflegeleichten Zucchini: Ihre großen Samen drücken Sie ab Mitte April einzeln in kleine Töpfchen. Glockenblumen und andere Pflanzen mit sehr feinem Saatgut säen Sie breitwürfig in größeren Saatschalen. Später können Sie sich die stärksten Sämlinge herauspicken. Übrigens: Wer von den selbst gezogenen Pflanzen später wieder Saatgut ernten möchte, sollte »samenechte« Sorten kaufen. Bei ihnen haben die Nachkommen dieselben Eigenschaften wie die Elterngeneration. Sogenannte F1-Hybriden hingegen sind zwar besonders leistungsstark und blühen oder fruchten oft überreich, sie verlieren ihre positiven Eigenschaften aber in der nächsten Generation.

Recyclinghelden: Dosengemüse & Co.

Warum Anzuchttöpfe kaufen, wenn Tomaten, Salat und Stockrosen auch in Joghurtbechern und Eierkartons prächtig gedeihen? Hier kommen ein paar Anregungen für preiswerte Gefäße.

Klar, sinnvolles Zubehör für die Pflanzenanzucht gibt es vieles. Kokosquelltöpfchen zum Beispiel, also in Tablettenform gepresstes Kokossubstrat, das ins Wasser gelegt zu kleinen, recht stabil stehenden Tönnchen aufquillt, die direkt mit Samen bestückt werden können. Oder Multitopf-Paletten, die an Muffin-Backbleche erinnern. Sie bieten je nach Größe vielen Dutzend Sämlingen Platz, die man später einzeln aus der Palette heben kann. Es geht aber auch ohne, zumal Garteneinsteiger oft erst mal nur einige wenige Pflänzchen heranziehen möchten.

Gratis, aber nicht umsonst

Ausgespülte Joghurtbecher etwa sind als Anzuchtgefäße völlig unbedenklich – wie eigentlich alles, was zuvor Lebensmittel zum Inhalt hatte. Milchtüten, Eisbehälter und abgeschnittene PET-Flaschen eignen sich ebenso wie Konservendosen. (Achtung, verwenden Sie einen Dosenöffner, der keine scharfen Kanten hinterlässt!) Grundsätzlich sollten Sie alle Gefäße gründlich ausspülen und mit einem Wasserabzugsloch versehen. Zum Anbohren von Kunststoff reicht meist schon die Spitze eines scharfen Messers, bei

Am Fenster, aber auch draußen schaffen Kunststoffflaschen zusätzlichen Pflanzraum.

Dosen und andere Recycling-Gefäße schonen Ihren Geldbeutel und die Umwelt.

Schnell gemacht

MINI-GEWÄCHSHAUS:

Eierkartons ersetzen teure Anzuchtplatten aus Holz- oder Kokosfaser. Später können Sie die einzelnen Pappbecher abtrennen und mitsamt Sämling einpflanzen.

* Befüllen Sie einen Eierkarton mit Erde und verteilen Sie die Samen, zum Beispiel von Tomaten oder Sonnenblumen.
* Dann stecken Sie je ein Holzspießchen (gibt's im Supermarkt) in die vier Ecken und zwei bis drei auf die Mittelrippe des Kartons. Die mittleren Stäbchen sollten etwas weiter herausstehen, damit Kondenswasser zu den Ecken hin abläuft.
* Nun spannen Sie Klarsichtfolie darüber. Ein Stückchen Korken auf jedem Stäbchen verhindert, dass die Folie reißt.

Dosen (→ Foto) benötigen Sie einen Handbohrer oder eine Bohrmaschine mit kleinem Metallbohrer. Die Behältnisse noch mit Etiketten versehen, fertig.

Wer gerne bastelt, kann sich auch an Paperpots versuchen. Dazu gewöhnliches Zeitungspapier – kein farbiges oder Hochglanzpapier – in 8 cm breite Streifen schneiden und fest um ein gerades Trinkglas wickeln. Je größer der Glasdurchmesser ist und je stabiler der Topf später stehen soll, desto länger muss der Streifen sein. Nach dem Einwickeln ziehen Sie das Glas ein Stück aus der Papierrolle hinaus und falten das überstehende Papier über dem Glasboden. Dann entfernen Sie das Glas ganz, schlagen den oberen

Rand des Paperpots nach innen ein und befüllen den Papiertopf mit Anzuchterde. Zur Pflanzzeit setzt man den Topf einfach mit in die Erde – ein preiswerter Ersatz für abbaubare Töpfchen aus Holz- oder Kokosfaser.

Eine Kunst für sich ist das Window-Farming. Hier dienen leere PET-Flaschen, Bewässerungsschläuche und Kabelbinder als Grundbausteine für ein selbst gebautes Hydrokultursystem, das man wie einen Vorhang am Fenster anbringt (→ 154). Für die Herstellung benötigt man allerdings etwas handwerkliches Geschick. Einfacher und ebenfalls originell: Hängen Sie einzelne abgeschnittene PET-Flaschen als Mini-Blumenampeln an der Gardinenstange auf.

Schritt für Schritt: Aussäen und pikieren

Juchhu, die erste große Tat steht bevor! Ehe es losgeht, gibt es hier noch ein paar Tipps und Tricks für die Aussaat und das erforderliche Zubehör. So klappt es gleich beim ersten Mal.

ZUBEHÖR FÜR DIE OPERATION SÄMLINGSANZUCHT:

| Aussaatgefäße | Aussaaterde | Samen | Sand | Sieb | Wassersprüher | Pikierholz |

1

> Nachdem ich die Schale mit Aussaaterde befüllt habe, geht's ans Säen. Sehr feines Saatgut mische ich mit etwas Sand, damit es sich gleichmäßiger verteilen lässt.

Von den Gefäßen bis hin zum Sieb, das auch aus der Küche oder dem Sandkasten des Nachbarn stammen kann, können Sie bei der Aussaat einiges improvisieren. Etwas anders ist das bei der Erde: Normale Blumenerde enthält bereits Dünger. Eigentlich praktisch, doch die Nährsalze können die zarten Keimlingswurzeln regelrecht verbrennen. Auf Nummer sicher gehen Sie mit Aussaaterde, da diese nur schwach aufgedüngt ist. Ebenfalls gut zu wissen: Dunkelkeimer wie die Gurke keimen am liebsten unter der Erde. Das Saatgut von Salat und anderen Lichtkeimern drückt man hingegen nur an oder bedeckt es sehr dünn mit Erde. Nach einigen Tagen oder Wochen – die Keimdauer hängt von der Art ab – zeigen sich die beiden Keimblätter. Sobald sich anschließend die ersten richtigen Blätter bilden, benötigen die Pflänzchen etwas mehr Platz zum Wachsen: Sie werden »pikiert«, also vereinzelt.

Nun siebe ich Erde über die Samen. Wie dick diese Schicht sein sollte, steht auf der Saatgutpackung. Als Faustregel gilt: Je feiner das Saatgut, desto dünner die Erdschicht..

Indem ich die Erde leicht andrücke, sorge ich für einen guten Kontakt mit den Samen. Dadurch keimen sie schneller.

Damit die Samen nicht weggeschwemmt werden, verwende ich zum Befeuchten der Erde eine Sprühflasche oder eine Gießkanne mit Brauseaufsatz. In den nächsten Wochen sollte die Erde jetzt nie ganz austrocknen. Wer nicht täglich gießen will, spannt Klarsichtfolie über die Gefäße.

Tadaaa: Neben den Keimblättern zeigt sich das erste echte Blattpaar. Jetzt setze ich die Pflänzchen mithilfe eines Pikierholzes, eines Löffelstiels oder eines Essstäbchens in größere Gefäße um.

Best of Gemüse – die gelingen immer

Tomate
Lycopersicon esculentum

J F M A M J J A S O N D ☀

Saattiefe: 0,5 cm | Pflanzabstand: 60 × 80 cm

Pflege: Zweimal wöchentlich Flüssigdünger ins Gießwasser geben. Blattnässe verursacht Kraut- und Braunfäule, daher am besten geschützt stellen. Aus den Blattachseln wachsende Triebe ausbrechen. Stabtomaten sollten Sie stützen.
Sorten: 'Matina' ist eine gute samenechte Sorte. Die F1-Hybride (→ Seite 31) 'Phantasia' ist besonders robust.
Extra-Tipp: Einige Cocktail-Tomatensorten wie die 'Johannisbeertomate' gedeihen wunderbar in der Blumenampel.

Freiland-Gurke
Cucumis sativus

J F M A M J J A S O N D ☀

Saattiefe: 2 cm | Pflanzabstand: 80 × 40 cm

Pflege: Nach dem Pflanzen anhäufeln, damit sich zusätzliche Wurzeln bilden. Triebe an Rankgitter aufleiten, Seitentriebe jeweils nach dem ersten Blattansatz kappen. Gleichmäßig feucht halten, sonst werden die Früchte bitter. Zweimal wöchentlich Flüssigdünger geben.
Sorten: 'Diamant F1' bringt hohe Erträge. 'Tanja' ist samenecht (→ Seite 31).
Extra-Tipp: Mini-Gurken wie die robusten 'Ministars' (F1-Hybride) sind optimal für Hängeampeln.

Zucchini
Cucurbita pepo

J F M A M J J A S O N D ☀

Saattiefe: 2 cm | Pflanzabstand: 100 × 100 cm

Pflege: Direktsaat ist von Anfang bis Ende Mai möglich. Gleichmäßig mit Wasser und zweimal wöchentlich mit Flüssigdünger versorgen. Sobald sich eine Frucht bildet, noch anhaftende Blüten ausbrechen, damit keine Fäulnis eindringt. 15–20 cm groß ernten.
Sorten: Die robuste 'Soleil' trägt gelbe Früchte, 'Zuboda' ist samenecht und 'Black Forest' wächst am Rankgitter.
Extra-Tipp: Die Blüten sind gefüllt oder frittiert eine Delikatesse.

■ = Vorkultur   ■ = Pflanzzeit   ■ = Ernte   ☀ Sonne

Paprika

Capsicum annuum

 ☀

Saattiefe: 0,5 cm | Pflanzabstand: 50 × 60 cm

Pflege: Am besten unterstellen und Blätter beim Gießen nicht benetzen. Erde gleichmäßig feucht halten. Alle zwei Wochen Flüssigdünger geben.
Sorten: Paprika sind essbar, wenn sie je nach Sorte grün, cremefarben, gelb, orange oder schwarz sind, reifen aber alle rot ab. Die gelbe 'Multi F1' ist virusresistent, 'Mavras' ist schwarz.
Extra-Tipp: Brechen Sie im Mai die erste Blütenknospe aus, die sog. Königsknospe. Das regt die Fruchtbildung an.

Kartoffel

Solanum tuberosum

 ☀

Saattiefe: 7 cm | Pflanzabstand: 30 × 70 cm

Pflege: Häufeln Sie bis zum ersten Blattpaar an, wenn die Pflanzen 15 cm groß sind. Für gleichmäßige Bodenfeuchte sorgen. Die Blätter beim Gießen möglichst nicht benetzen.
Sorten: In Blauviolett präsentieren sich Blüten, Schale und das Fruchtfleisch von 'Salad Blue'. 'Bamberger Hörnchen' ist eine Feinschmeckersorte.
Extra-Tipp: Vier Wochen vor der Pflanzung vorkeimen: Knollen bis zur Hälfte in mit Sand vermischten Kompost drücken, das erhöht die Wachstumsgeschwindigkeit und Krautfäuleresistenz.

Chili

Capsicum annuum, C. frutescens

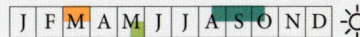 ☀

Saattiefe: 0,5 cm | Pflanzabstand: 50 × 60 cm

Pflege: Wie Paprika. Die meisten Chilis sind mehrjährig, wenn man sie im Haus sehr hell und kühl (10 °C) überwintert. Bei warmer Überwinterung häufig mit destilliertem Wasser besprühen, um Spinnmilben vorzubeugen.
Sorten: Mild: 'Numex Sunrise' (gelb, Blüte weiß). Scharf: 'Black Namaqualand' (schwarz, Blüte violett). Höllisch: 'Hot Paper Lantern' (rot, Blüte grünweiß).
Extra-Tipp: Chilis aufgefädelt am warmen, luftigen Platz im Halbschatten trocknen. Oder klein gehackt einfrieren.

Start me up! Gute Laune mit Frühblühern

Farbe, Farbe und nochmals Farbe, das ist es, was wintermüde Geister jetzt brauchen! Gesagt, getan: Bei Zwiebelblumen und Frühlingsblühern können Sie aus dem Vollen schöpfen.

Der Frühling ist da, das muss gefeiert werden – am besten, indem Sie sich ein Stück Frühling nach Hause holen. Widerstehen Sie aber der Versuchung, sich im März oder April schon mit Petunien und anderen im Gewächshaus vorgetriebenen Pflanzen einzudecken, die eigentlich erst im Frühsommer ihren großen Auftritt haben. Im Frühling schwanken die Temperaturen nämlich teils noch beträchtlich und es wäre doch ärgerlich, wenn die Neuankömmlinge durch Spätfröste Schaden nehmen würden. Das gilt auch für viele Kübelpflanzen, sie bleiben bis nach den Eisheiligen (→ Seite 70) im Winterquartier. In der Stadt und hier insbesondere auf dem Balkon haben Sie allerdings einen entscheidenden Vorteil: Die Temperaturen sind durch die dichtere Bebauung höher als im Umland. Wer schon das Olivenbäumchen hinausgestellt hat oder sich sorgt, dass der früh erblühte Zwerg-Pfirsich leidet, kann beruhigt sein: Nahe der Hauswand sind die Pflanzen bei Kälteeinbrüchen ziemlich gut geschützt; lediglich bei angekündigten Minusgraden können Sie sicherheitshalber ein Pflanzenvlies über die Kronen breiten.

Zwischen 15 cm hohen Tête-à-Tête-Narzissen verströmen Hyazinthen ihren betörenden Duft.

Pflegeleichte Blütenstars

Am besten huldigen Sie dem Frühling, indem Sie Kästen und Kübel mit vielen bunten Zwiebelblumen und Frühlingsblühern ausstatten, die für diese Jahreszeit perfekt ausgerüstet sind. Absolut unproblematisch sind beispielsweise Stauden (→ Seite 46) wie Blaukissen (*Aubrieta*), Schleifenblume (*Iberis*), Steinkraut (*Alyssum*) und Gänsekresse (*Arabis*). Sie schmücken den Balkon, falls

Samt Topf in einen Kasten gestellt können Sie Zwiebelblumen später leicht gegen Sommerblüher austauschen.

gewünscht, mehrere Jahre lang und werden lediglich nach der Blüte um etwa ein Drittel zurückgeschnitten, damit sie schön kompakt bleiben. Allerliebst ist auch das Horn-Veilchen (*Viola cornuta*). Es wird von vielen Balkongärtnern nur einjährig kultiviert, hält aber erstaunlich viel aus; viele Züchtungen blühen sogar den Winter hindurch.

Sie alle benötigen kaum Pflege. Arbeiten Sie mit einer kleinen Harke oder einer Gabel etwas Kompost oder Langzeitdünger in die Erde ein, sobald sich die ersten frischen Blättchen zeigen, und denken Sie daran, die Pflanzen gelegentlich zu wässern – vor allem in trockenen Frühjahren oder wenn die Kübel unter einem Dach stehen. Zwiebelblumen hingegen haben eigentlich nur vor einem Angst: Staunässe. Krokusse, Blausternchen (*Scilla*), Tulpen und Co. ziehen ihre Kraft aus den mehr oder weniger dicken unterirdischen Speicherorganen, und die faulen, wenn die umgebende Erde dauerhaft feucht

ist. Deshalb sollten Sie sie beim Pflanzen auf eine etwa 2–3 cm starke Sandschicht setzen, dank der das Wasser besser abläuft. Die klassische Pflanzzeit für Zwiebelblumen ist der Herbst (→ Seite 122 u. 126). Im Frühjahr erhalten Sie im Handel jedoch eine große Auswahl bereits blühender Exemplare. Tulpen und Narzissen versorgen Sie einmal wöchentlich mit Flüssigdünger im Gießwasser. Nach der Blüte schneiden Sie die Blütenstände aller Zwiebelblumen ab, nicht aber die Blätter. Aus diesen ziehen die Pflanzen nämlich die Nährstoffe heraus und speichern sie in den Zwiebeln als Vorrat für das nächste Jahr. Erst wenn das Laub vertrocknet ist, sollte es entfernt werden. Wenn die vertrocknenden Blätter stören oder der Platz in Kästen und Kübeln benötigt wird, nimmt man die Pflanzen heraus und legt sie bis zum Herbst an einen trockenen Platz. Dann können Sie sie wieder einpflanzen oder an Gartenbesitzer verschenken.

Best of Zwiebelblumen – die gelingen immer

Tulpe
Tulipa spec.

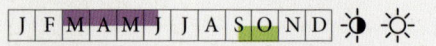

Pflanztiefe: 10–20 cm | Pflanzabstand: 15–20 cm

Sorten: Garten-Tulpen gibt es in allen Farben außer in Blau. Viridiflora-Tulpen haben attraktive grüne Streifen auf den Blütenblättern. Die Blüten der Papageien-Tulpen sind wild gefranst und oft mehrfarbig. Höhe: 30–60 cm.
Extra-Tipp: Die Pflanztiefe sollte mindestens den 3-fachen Längsdurchmesser betragen. Wild-Tulpen wie *T. tarda* (10 cm hoch), *T. kaufmanniana* (20 cm) und *T. fosteriana* (40 cm) sind langlebig. Sie eignen sich besonders gut für naturnahe Arrangements.

Narzisse
Narcissus spec.

Pflanztiefe: 15–20 cm | Pflanzabstand: 10–15 cm

Sorten: Viele gefüllte und mehrfarbige Sorten in Nuancen von Rein- und Cremeweiß über Apricot bis zu strahlendem Gelb. Dichter-Narzissen blühen im April und damit sehr spät. Sie duften herrlich.
Pflege: Wöchentlich mit Flüssigdünger versorgen, wenn sie 10 cm hoch sind.
Extra-Tipp: Für die Vase schneiden Sie Narzissen, wenn sich das erste Gelb zeigt. Da sie für andere Pflanzen giftigen Milchsaft absondern, stellt man sie erst einen Tag in ein eigenes Gefäß und dann mit frischem Wasser versehen zusammen mit anderen Blumen in dieselbe Vase.

Krokus
Crocus spec.

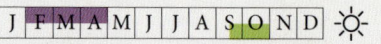

Pflanztiefe: 7–10 cm | Pflanzabstand: 10 cm

Sorten: Krokusse gibt es in vielen verschiedenen Nuancen von Weiß, Gelb und Violett. 'Tricolor' vereint alle drei Farben. Die Sorte 'Pickwick' zieht mit weiß-violett gestreiften Blüten die Blicke auf sich. Schon von Weitem leuchten die goldgelben Blüten der Sorte 'Gelbe Riesen'. Die Blüten der Wildarten sind kleiner.
Extra-Tipp: In kleinen Grüppchen setzen. Recht unbekannt, aber wunderschön sind die herbstblühenden Arten, darunter der Safran-Krokus, aus dessen Staubgefäßen das kostbare Gewürz gewonnen wird.

■ = Blütezeit ■ = Pflanzzeit ☀ Sonne ◑ Halbschatten ● Schatten

Schneeglöckchen
Galanthus nivalis

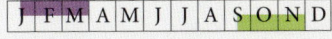

Pflanztiefe: 10 cm | Pflanzabstand: 10 cm

Pflege: In Ruhe lassen, auch nicht düngen, da zusätzliche Nährstoffe das Blattwachstum anregen, und das geht auf Kosten der Blütenbildung. Am besten in einzelne Töpfchen pflanzen.

Sorten: 'Flore pleno' blüht gefüllt, 'Viridapice' hat hellgrüne Blütenspitzen.

Extra-Tipp: Schneeglöckchen duften, das fällt besonders auf, wenn man sie im Haus genießt: Im Herbst in Schalen pflanzen, nach dem ersten Frost im Haus kühl und dunkel stellen und nach frühestens zwei Wochen an einen hellen Platz ins Warme. Erde feucht halten.

Traubenhyazinthe
Muscari spec.

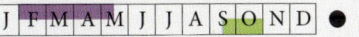

Pflanztiefe: 10 cm | Pflanzabstand: 10 cm

Sorten: 'Album' blüht reinweiß im Februar und März, 'Blue Pearl' tiefblau im März und April. Im April stimmen auch die bildhübschen Hybriden 'Peppermint' (hellblau) und 'Pink Sunrise' (rosa) sowie die blaue, weißspitzige 'Mount Hood' in den Blütenreigen ein.

Extra-Tipp: Ein Hingucker ist die Schopfige Traubenhyazinthe (*Muscari comosum*), die sich an der Spitze mit einem krönchenartigen Blütenkranz schmückt. Sie kommt in Töpfen besonders gut zur Geltung. Alle Traubenhyazinthen sehen auch in der Vase sehr hübsch aus.

Hyazinthe
Hyacinthus orientalis

Pflanztiefe: 10–15 cm | Pflanzabstand: 10–15 cm

Sorten: Die Standardfarben sind Rosa, Weiß und Blau. Extravagant präsentieren sich 'City of Harlem' (hellgelb), 'Gipsy Queen' (lachsorange) und 'Woodstock' (purpurviolett). Schön sind Dreier-Kombis für den Balkontisch. Vorgetriebene Hyazinthen fürs Haus können Sie nach der Blüte ins Freiland pflanzen.

Extra-Tipp: Oft werden die üppigen, intensiv duftenden Blüten so schwer, dass die Stängel abzuknicken drohen. Holzspieße (mit der flachen Seite zum Stängel) oder gegabelte Ästchen dienen dann als unauffällige Stützen.

Gut sortiert: Primeln

Primeln sind vom Frühlingsbalkon nicht wegzudenken – erst recht nicht, wenn man die riesige Band-breite an Blütenfarben und -formen kennt. Machen Sie mit beim Entdecker-Memory.

Garten-Primel
Primula vulgaris

Viele farbenfrohe oder dicht gefüllte Sorten, blüht von März bis April. Erde nie austrocknen lassen, Verblühtes regel-mäßig entfernen.

Etagen-Primel
Primula × bullesiana

Etagenartig angeordnete Blüten in Gelb, Orange oder Rosarot erscheinen von Juni bis August. Braucht Halbschatten und leicht feuchte Erde.

Kugel-Primel
Primula denticulata

Dicke Blütenkugeln er-heben sich von März bis Mai. Halbschatten und leicht feuchte Erde sind perfekt. Farben: Weiß, Zartblau, Rosa, Pink.

Echte Schlüsselblume
Primula veris

Sie akzeptiert Sonne wie Halbschatten, trockene bis leicht feuchte, aber nicht zu nährstoffreiche Böden. Blüht goldgelb von April bis Mai. Duftet!

Hohe Schlüsselblume
Primula elatior

Die heimische Art wächst im Halbschatten und in der Sonne. Die duftenden Blüten leuchten gelb von März bis April. Liebt leicht feuchten Boden.

Tibet-Primel
Primula florindae

Die Glöckchenblüten erscheinen von Juni bis August auf 70 cm hohen Stängeln. Sie mag leicht feuchte Böden, Sonne oder Halbschatten.

Orchideen-Primel
Primula vialii

Fackelartige, intensiv gefärbte Blütenstände sorgen im Juni / Juli für exotisches Flair. Halbschatten bevorzugt. Nie austrocknen lassen.

Aurikel
Primula × auricula

Die mehrfarbigen Blüten öffnen sich von April bis Mai. Lichter Halbschatten ist optimal, pralle Sonne und Staunässe mag sie hingegen nicht.

Gestaltung: Frühlingsfrische Ideen

Sobald die Tage wieder spürbar länger werden, machen sich Balkon und Co. frühlingsfein. Schließlich muss man nicht bis Ostern warten, um beim Brunch mit Freunden die Sonne zu genießen.

Info

Moosnester halten länger, wenn Sie sie ab und zu mit Wasser besprühen. Auch Kränze aus Kätzchen-Weide ergeben hübsche Osternester.

Weg mit dem Grauschleier des Winters! Nachdem die Balkonmöbel aus dem Keller geholt oder abgeschrubbt wurden und das letzte trockene Herbstlaub zusammengefegt ist, startet die Mission Frühjahrs-Chic. Wer es peppig mag, liegt mit farbenfrohen und ungewöhnlichen Pflanzgefäßen genau richtig. Alte Gummistiefel und knallbunte Kunststofftaschen lassen sich ideal mit Tulpen, Narzissen und Hyazinthen bevölkern.

Vor einem hellen Hintergrund kommen Pastelltöne sehr schön zur Geltung.

Im Hinterhof erhält ein ausrangiertes Fahrrad mit Masking-Tape in wenigen Minuten ein fröhliches Streifenmuster – das bedruckte Klebeband gibt's im Bastelbedarf oder im Internet. Eine Holzkiste voller Primeln auf dem Gepäckträger verwandelt das Gefährt in einen Frühlingsboten auf zwei Rädern. Und in einem vor Regen geschützten Eckchen fühlt sich ein Pappmaché-Huhn im Tupfenkleid sichtlich wohl. Aus einem Luftballon, der eine stabile Hülle aus Tapetenkleister, Zeitungspapier und Farbe erhält, ist es schnell selbst gebastelt.

Romantisch bis natürlich

Nostalgiker halten auf Flohmärkten Ausschau nach alten Küchenutensilien, die sich ganz vortrefflich für romantische Arrangements eignen: Küchensiebe, Kaffeepötte und Töpfe aus Emaille, aber auch alte Zinkgefäße oder Drahtkörbe bieten zarten Frühlingsblühern wie Narzissen in Pastelltönen, Horn- (*Viola cornuta*) und Duft-Veilchen (*Viola odorata*), Schlüsselblumen (→ Seite 42) und Balkan-Windröschen (*Anemone blanda*) ein adrettes Zuhause. An der Wand schafft eine aufgehängte Milchkanne zusätzlichen Raum für eine romantische Bepflanzung, beispielsweise mit violett blühenden Hasenglöckchen (*Hyacinthoides non-scripta*) oder – im Schat-

Farb-Fans bemalen Töpfe in knalligen Tönen und wählen entsprechende Pflanzen aus.

Hornveilchen sind dankbare Dauerblüher und sollten auf keinem Balkon fehlen.

ten – mit Immergrün (*Vinca*). Diese Stilrichtung lässt sich sehr gut mit kleinen Arrangements aus Naturmaterialien kombinieren: Schneckenhäuser und bunt gefärbte halbe Eierschalen (→ Seite 28) auf einem Bett aus Moos sind gerade groß genug, um ein paar Schneeglöckchen oder Traubenhyazinthen (→ Seite 41) hineinzusetzen. Weidenkörbchen bringen herrlich duftende Dichter-Narzissen in Nasennähe und aus simplen Tontöpfen werden kleine Kunstwerke, wenn man sie mit Birkenrinde umwickelt.

Zum Osterfrühstück, das bei hoffentlich strahlendem Sonnenschein im Freien stattfinden kann, schaut dann auch Meister Lampe auf einen Sprung vorbei: Zwischen Tellern und Gläsern tummeln sich Hasenfiguren, kleine Kränze aus Frühlingsblühern dienen als Platzkärtchen und bemalte Eier ruhen auf Schälchen voll frischgrünem Katzengras. Für ein dichtes Osternest säen Sie das Saatgut etwa zehn Tage vorher aus. Noch schneller geht's mit selbst gezogener Kresse.

Tipp: Überraschen Sie Ihre Gäste mit Gewürzbrot mit Kräutern aus eigenem Anbau oder mit Cupcakes, die Sie mit kandierten Horn-Veilchen- oder Veilchenblüten verziert haben. Dazu ein paar unbehandelte Blüten abzupfen, mit leicht aufgeschlagenem Eiweiß betupfen und mit feinem Zucker bestreuen. Trocknen lassen und mit Zuckerguss auf den Cupcakes fixieren.

Die Längerkönner: Stauden und Gehölze

Sie lieben Abwechslung, haben aber keine Lust, alle paar Monate Ihre Kästen und Kübel neu zu bepflanzen? Dann sind diese Pflanzengruppen genau das Richtige für Sie.

Kombinieren Sie Stauden mit Zwiebelblumen. Dadurch wird selbst ein kleiner Pflanzkübel ganzjährig zum Hingucker – und zwar jedes Jahr aufs Neue.

Herrliche Blüten im Frühling, frischgrüne Blätter und süße Früchte im Sommer und zum Saisonabschluss auch noch eine prachtvolle Herbstfärbung: Die Kupfer-Felsenbirne (*Amelanchier lamarckii*) macht's möglich. Die Zaubernuss (*Hamamelis*) hingegen punktet mit einer der frühesten Blütezeiten (je nach Sorte meist schon ab Januar), zartem Duft und toller Herbstfärbung, während der Zier-Apfel (*Malus*, → Seite 57) erst hübsche Blüten und dann den ganzen Winter hindurch anhaftende Mini-Äpfelchen trägt. Mit diesen und anderen heimischen

Gehölzen schaffen Sie ein attraktives Grundgerüst – und zwar ganzjährig, denn anders als exotische Kübelpflanzen bleiben sie das ganze Jahr über draußen.

Auch Stauden sparen Ihnen Überwinterungsaktionen oder regelmäßige Neubepflanzungen. Im Gegensatz zu Bäumen und Sträuchern verholzen die Triebe der mehrjährigen Pflanzen nicht, sondern bleiben »krautig«. Bei vielen Arten sterben die oberirdischen Teile im Herbst ab, die Pflanzen treiben aber im Frühjahr wieder neu aus. Winter- und immergrüne Stauden behalten ihre Blätter sogar während der kalten Jahreszeit.

Tipp: Kombinieren Sie Blütenstauden wie Storchschnabel (*Geranium*), Phlox oder Astern mit sogenannten Blattschmuckpflanzen, deren Blätter durch ihre schöne Struktur und Färbung auffallen. Gräser wie das an Fontänen erinnernde Lampenputzergras (*Pennisetum*) etwa sollten in keinem Topfgarten fehlen. Es ist selbst im trockenen Zustand sehr hübsch, weshalb man die alten Halme erst Ende Februar zurückschneidet. Riesige Auswahl bieten die Seggen (*Carex*) – um die 30 cm hohe, teils immergrüne Gräser. Mit Blattschmuckstauden wie Günsel (*Ajuga*), Purpurglöckchen (*Heuchera*) oder Fetthenne (*Sedum*, → Seite 48), die zusätzlich mit Blüten punkten, verbinden sie sich zu immerschönen Arrangements.

Blütenstauden, hier in Violetttönen, und Ziergräser bereiten viele Jahre Freude.

Schnell gemacht

STAUDEN VERJÜNGEN:

1. Wurzelballen teilen

Viele Stauden sind ausgesprochen anspruchslos. Zum Austrieb im Frühling beschränken sich die Pflegearbeiten auf ein bisschen Kompostdüngung (2 Liter pro Quadratmeter bzw. ein paar Handvoll pro Topf) und auch im Sommer ist nicht viel zu tun (→ Seite 88). Nach zwei bis vier Jahren blühen manche Arten allerdings zunehmend weniger. Dann wird es Zeit für eine Verjüngungskur – das Teilen. Erkundigen Sie sich am besten schon beim Kauf, nach wie vielen Jahren es bei der jeweiligen Pflanze so weit ist. Als Faustregel für den Zeitpunkt gilt: Sommer- und Herbstblüher werden im Frühling geteilt, Frühlingsblüher im Herbst. Nehmen Sie dazu die Staude (z. B. Blut-Weiderich, → Foto) aus dem Gefäß. Nun stoßen Sie mit dem Schäufelchen in die Mitte des Ballens hinein und ziehen die beiden Hälften des Wurzelstocks auseinander.

2. Hälften einpflanzen

Anschließend setzen Sie die eine Hälfte zurück in den Topf oder den Kübel, füllen Erde auf und drücken sie rund um den Wurzelballen etwas an. Zum Schluss gründlich angießen. Die andere Pflanzenhälfte können Sie in einen weiteren Topf setzen und an Freunde verschenken. Ein wenig anders verläuft das Teilen, wenn Sie Schwertlilien (*Iris*) in Gefäßen kultivieren. Nehmen Sie den Ballen aus dem Topf, befreien Sie das fleischige Rhizom etwas von der Erde und zerschneiden Sie es dann an einer möglichst dünnen Stelle mit einem scharfen Messer. Kürzen Sie die Blätter mit einer Schere um zwei Drittel ein. Das senkt die Verdunstung, bis die Pflanzen wieder richtig eingewurzelt sind.

Best of Stauden – die gelingen immer

Taglilie
Hemerocallis spec.

J F M A M J J A S O N D ☽ ☀

Pflanzabstand: 35–70 cm

Wuchs: Taglilien werden je nach Art und Sorte 40–140 cm groß. Sie tragen lilien-ähnliche Blüten in allen Farben außer Blau. Das grasartige Laub ist auch nach der Blüte noch attraktiv.
Sorten: 'Frans Hals' (80 cm) trägt zweifar-bige Blüten in Gelb und Rostrot. 'Stella de Oro' wird nur 40 cm hoch, blüht aber besonders üppig und lang. Die Braunrote Taglilie (*Hemerocallis fulva*) gedeiht auch im Halbschatten.
Pflege: Kompostdüngung im Frühjahr. Verblühtes zurückschneiden.

Hohe Fetthenne
Sedum spectabile, S. telephium

J F M A M J J A S O N D ☽ ☀

Pflanzabstand: 50 cm

Wuchs: Straff aufrecht, 40–60 cm hoch. Die fleischigen Stängel und Blätter spei-chern Wasser, daher werden Trockenheit und Hitze gut vertragen. Die Blütenschir-me sind zunächst grün und erblühen dann in Weiß, Rosa, Purpur oder Rostrot.
Sorten: 'Herbstfreude' (rostrot) ist sehr robust. 'Matrona' (rosa) hat rotgrüne Triebe. 'Iceberg' blüht weiß bis rosa.
Pflege: Kompostdüngung im Frühjahr. Staunässe vermeiden.
Extra-Tipp: Die Fetthenne ist ein belieb-ter Rastplatz für Schmetterlinge.

Bart-Nelke
Dianthus barbatus

J F M A M J J A S O N D ☀

Pflanzabstand: 30 cm

Wuchs: Die 30–50 cm hohe zwei- bis mehrjährige Nelkenart bildet dichte Bü-schel aus meist mehrfarbigen Blüten. Die Farbpalette reicht von Weiß über Lachs-, Rosa- und Violetttöne bis zu Schwarzrot.
Sorten: 'Nigrescens' trägt Blüten in ge-heimnisvollem Schwarzrot, 'Oeschberg' leuchtet purpurrot.
Pflege: Verträgt keine Staunässe, daher Blumenerde mit Sand mischen.
Extra-Tipp: Haltbare, würzig duftende Schnittblume. Man schneidet sie, sobald sich die ersten Blüten öffnen.

■ = Blütezeit   ■ = Pflanzzeit   ☀ Sonne   ☽ Halbschatten   ● Schatten

Rippenfarn
Blechnum spicant

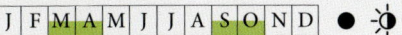 J F **M A M** J J **A S** O N D ● ☼

Pflanzabstand: 35 cm

Wuchs: Die elegant überhängenden Wedel dieses heimischen Farns sind frischgrün und glänzend – auch im Winter. Er wird etwa 30 cm hoch.
Sorten: Keine speziellen Sorten. Auch viele andere Farne eignen sich für schattige Topfgärten, etwa der Borstige Schildfarn (*Polystichum setiferum*) oder der Hirschzungenfarn (*Asplenium scolopendrium*). Beide sind wintergrün.
Pflege: Kompostdüngung im Frühjahr. Erde stets leicht feucht halten.

Prachtspiere
Astilbe spec.

 J F **M A M** J J **A S** O N D ☼ ☼

Pflanzabstand: 35–45 cm

Wuchs: Über den attraktiven Blättern stehen fackelartige Blütenrispen in Weiß, Creme oder in Rosa- und Rottönen.
Sorten: Für den Kübel eignen sich zum Beispiel die Sorten 'Finale' (rosa, 40 cm), 'Red Sentinel' (rot, 50 cm) oder 'Brautschleier' (weiß, 70 cm).
Pflege: Kompostdüngung im Frühjahr. Je sonniger der Standort ist, desto feuchter sollten Sie den Boden halten.
Extra-Tipp: Die Zwerg-Prachtspiere (*Astilbe chinensis* var. *pumila*) verträgt mehr Sonne und Trockenheit als die meisten anderen Vertreter dieser Gattung.

Funkie
Hosta spec.

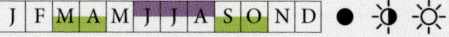 J F **M A M** J J **A S** O N D ● ☼ ☼

Pflanzabstand: 10–60 cm

Wuchs: Elegante herzförmige Blätter mit reizvoller Oberflächenstruktur in unzähligen Grüntönen, es gibt auch blaugraue und viele mehrfarbige Sorten. Die Blüten sind weiß bis violett, oft duftend.
Sorten: 'June' (grüngolden) wird 25 cm hoch. 'Grandiflora' (40 cm) trägt große Blüten und verträgt Sonne. Die blaugraue 'Elegans' erreicht imposante 70 cm.
Pflege: Kompostdüngung im Frühjahr. Die Erde nicht austrocknen lassen.
Extra-Tipp: Zwerg-Funkien (*Hosta minor*, 15 cm) schmücken den Balkontisch.

Für sonnige Gemüter: Südlagen

Sonnenmilch und Kühlbox stehen bereit? Dann kann der Sommer ja kommen. Damit Ihre Pflanzen sich ebenso auf die warme Jahreszeit freuen können, gibt es hier ein paar Tipps.

Info

Wo es im Sommer ohnehin sehr heiß wird, sollten Sie auf luftige Sichtschutz-lösungen setzen, etwa einzelne, leicht zu verrückende Kübelpflanzen.

Menschen haben gegenüber Pflanzen einen unschlagbaren Vorteil: Sie können ihren Standort nach Belieben wechseln. Haben wir uns eben noch genüsslich in der Sonne geräkelt, können wir uns, sobald es ungemütlich heiß wird, jederzeit ins kühle Haus zurückziehen. So komfortabel haben es Pflanzen nicht, denn welcher Gärtner räumt sie schon regelmäßig hin und her? Daher ist es zweckmäßig, das grüne Reich von Beginn an mit Pflanzen auszustatten, die ohnehin eine Vorliebe für die vor Ort herrschenden Standortbedingungen haben.

Ein Südbalkon beispielsweise ist prinzipiell eine feine Sache: Schön hell und warm, so-dass sich selbst wärmeliebende Kübelpflanzen und Obstarten nicht beklagen können, und wie geschaffen für faule Stunden unterm Sonnenschirm. Eben das kann aber gleichzeitig ein Nachteil sein: Wer Sonne nicht gewöhnt ist, holt sich ohne Schutz schnell mal einen Sonnenbrand, im Hochsommer kann es gerade in der Stadt höllisch heiß werden und der Wasserverbrauch liegt hier deutlich höher als auf einem schattigen Nordbalkon. Zum Glück gibt es eine Reihe von Pflanzen, denen das ziemlich wurscht ist: Sie stammen aus südlichen Gefilden und haben sich im Laufe der Zeit perfekt an Hitze und Trockenheit angepasst. Es lohnt sich also, beim Einkauf im Gartencenter nach derarti-

gen Spezialisten zu fragen. Oder Sie gehen selbst auf Entdeckungstour. Viele Trockenkünstler verraten sich nämlich durch eindeutige Erkennungsmerkmale.

Hot und stylisch

Genau richtig liegen Sie mit Pflanzen, die silbrig bereift sind – also ein bisschen so aussehen, als hätte man sie mit Mehl

Der Gärtner freut sich über die schöne Aussicht, der Lavendel über viel Sonne.

Sonnenblumen, Sonnenhut und Schwarzäugige Susanne streben nach Wärme und Licht.

Ihre Blätter dienen den Kapkörbchen als Wasserspeicher. Hitze? Kein Problem!

bestäubt. Diese Bereifung reflektiert die Sonneneinstrahlung und hilft beispielsweise Lavendel (→ Foto), Rosmarin, Currykraut (*Helichrysum italicum*) und Stacheldrahtpflanze (*Calocephalus brownii*), einen kühlen Kopf zu bewahren. Außerdem sind ihre Blätter verhältnismäßig klein und bieten der Sonne wenig Angriffsfläche – eine clevere Idee, auf die auch der Thymian setzt. Abgehärtete Sonnenanbeter sind Oleander (*Nerium oleander*), Palmlilie (*Yucca*) und viele Ziergräser: Sie besitzen ledrige oder harte Blätter, die der Sonneneinstrahlung widerstehen und kaum Wasser verdunsten. Einen effektiven Hitzeschutz haben sich auch Königskerze (*Verbascum*) und Woll-Ziest (*Stachys*

byzantina) zugelegt: Ein silbriger Haarflaum reflektiert die Sonne und verringert die Verdunstung. Eine schlechte Nachricht für Geranien-Hasser, eine gute für alle anderen: Dass diese in vielen Sorten erhältlichen Balkonblumen so beliebt sind, hat einen guten Grund: In ihren dickfleischigen Blättern speichern sie Wasser und Nährstoffe und sind somit für Trockenphasen bestens gerüstet. Sie können Ihre Kästen aber auch mit Portulakröschen (*Portulaca*) und Kapkörbchen (*Osteospermum* und *Dimorphotheca*, →Foto) bestücken – sie fahren dieselbe Strategie, genau wie Wolfsmilch (*Euphorbia*) und die zahlreichen Hauswurz- und Mauerpfefferarten (*Sempervivum* und *Sedum*).

Schattenzauber für Hof und Balkon

Entspannt sitzen, statt in der Sonne zu schwitzen. Nach diesem Motto kommen Topfgärtner und Pflanzen in schattigen Refugien gut gelaunt durch den Sommer – ohne auf Blüten und Farbe zu verzichten.

Mit an der Wand befestigten Spiegeln können Sie Räume optisch vergrößern und durch die Lichtreflexe aufhellen. Wilder Wein bildet einen natürlichen Rahmen.

Wo sind die beliebtesten Plätze im Freibad und am Baggersee? Exakt, unter den wenigen großen Bäumen. Denn sosehr wir die Sommersonne lieben, ein kühles Plätzchen im Schatten ist ebenfalls nicht zu verachten. Wohl dem, der bei 30 Grad plus einen Nordbalkon besitzt oder die Hofmauer als Sonnenschutz nutzen kann. Nicht zuletzt lebt es sich jenseits von Sonnenbrand und Schweißperlen auch deshalb extrem relaxed, weil man sich nicht ständig um halb verdurstete Pflanzen sorgen muss. Außerhalb der prallen Sonne verdunsten die grünen Mitbewohner

nämlich deutlich weniger Wasser über ihre Blätter und brauchen entsprechend seltener Nachschub – man kann sich also in aller Ruhe auf die perfekte Zubereitung von Steaks oder Grillkäse konzentrieren.

Green Power

Die Natur hält eine schier unglaubliche Bandbreite an Grüntönen bereit. Schon dies allein sorgt dafür, dass in absonnigen Lagen keine Langeweile aufkommt. Gleichzeitig rücken hier der Pflanzenaufbau und

Glockenblumen, Farn und Funkie sind ein äußerst reizvolles Trio.

Die eleganten Blüten der Fuchsien gibt es in vielen romantischen Farbvarianten.

die Blattstrukturen in den Fokus. Filigrane Farnwedel etwa sind kleine Kunstwerke für sich. Purpurglöckchen (*Heuchera*) und Buntnesseln (*Solenostemon*) punkten in Sachen Laubfärbung mit zahlreichen Spielarten. Aber auch die elegant geschwungenen Triebe des Salomonssiegels (*Polygonatum*) mit ihren tropfenförmig herabhängenden weißen Blüten oder die eindrucksvollen Blätter von *Rodgersia* und *Astilboides* – zu Deutsch Schaublatt und Tafelblatt – bringen Abwechslung in den Schatten. Wie sie haben viele Schattenpflanzen besonders üppiges oder glänzendes Laub. Letzteres trifft etwa auf die immergrünen, zwischen Grün-, Purpur- und Braun-Metallic changierenden Blätter des Günsels (*Ajuga*) zu. Auf ihn möchte man an absonnigen Plätzen ebenso wenig verzichten wie auf die wunderschön anzusehenden Funkien, die mit ihren herzförmigen, oft weiß oder cremefarben gestreiften Blättern symmetrische Horste bilden. Bei den Blütenfarben überwiegen nicht nur bei den Funkien helle Farbtöne, da sie im Halbdunkel besonders gut sichtbar sind.

Aus dem gleichen Grund empfehlen sich auch für die Balkonmöbel und Accessoires Weiß und pastellige Nuancen. Glänzende, das Licht reflektierende Oberflächen wie von Edelstahl und kleinen Wasserspielen tun ihr Übriges, um Licht ins Dunkel zu bringen. Sie wollen trotzdem vor allem eines, nämlich Farbe? Kein Problem, viele Halbschatten- und Schattenpflanzen sehen das genauso. Goldnessel (*Lamium galeobdolon*) und Waldsteinie (*Waldsteinia*) ersetzen die Sonne mit ihren strahlend goldgelben Blüten. Wer Blau und Violett liebt, kann mit Eisenhut

Schattenplätze leben von der Vielfalt an Blattformen und Grüntönen. Weiße Blüten setzen Glanzlichter.

(*Aconitum*), Anemonen (z. B. *Anemona hupehensis*) sowie mit diversen Glockenblumen-, Phlox- und Storchschnabelarten (z. B. *Campanula trachelium, Phlox amplifolia, Geranium nodosum*) aus dem Vollen schöpfen. Und richtig knallig in Pink oder flammendem Rot wird es mit Primeln (z. B. *Primula vialii*, → Seite 43), dem attraktiv belaubten Herbst-Steinbrech (*Saxifraga cortusifolia* var. *fortunei*) oder den an lodernde Fackeln erinnernden Prachtspieren (*Astilbe*).

Schritt für Schritt: Gehölze in Bestform

Gerade schneiden ist nicht leicht, rund schneiden erscheint manchem wie eine Wissenschaft. Aber hat man erst mal die Angst vorm ersten Schnitt überwunden, wird's im Handumdrehen eine runde Sache.

ZUBEHÖR FÜR DIE RUNDE SACHE:

| Pappe | Stift mit Schnur | Schneideunterlage | Garten- oder Schafschere | bei Bedarf: Plastikeimer |

① Um mir später das Aufräumen zu erleichtern, stelle ich den Buchs auf eine Pflanzunterlage, ein altes Bettlaken oder eine aufgeschnittene Einkaufstüte.

Wo der Schnitt nicht gleich ganz entfällt, etwa bei Magnolie oder Fächer-Ahorn, ist er bisweilen tatsächlich die einfachste Sache der Welt. Sommerflieder beispielsweise dürfen Sie radikal zurechtstutzen (→ Seite 57). Auch Hochstämmchen sind schnittverträglicher, als man oft meint: Schneiden Sie einfach rundum alle Triebe auf eine Länge von 10 cm zurück – bzw. bis auf zwei bis drei Augen, das sind die kleinen Knubbel an den Trieben. Aus den Augen bilden sich später Seitentriebe. Wer es besonders genau machen möchte, achtet darauf, dass das obere stehen bleibende Auge nach außen zeigt. So wird der Wuchs harmonischer, da hier die neue Verzweigung ansetzt. Die richtige Zeit für den Schnitt des Sommerflieders wie auch für Hochstämmchen von Harlekin-Weide (*Salix integra* 'Hakuro Nishiki'), Garten-Eibisch (*Hibiscus syriacus*) und Liguster (*Ligustrum ovalifolium*) ist Ende Februar.

Dann bastele ich mir eine Schablone. Dafür schneide ich einen Halbkreis aus einem Pappstück heraus. Der Durchmesser hängt von der gewünschten Größe der Buchskugel ab. Ein Stift an einer Schnur dient mir als Zirkel.

2

Nun halte ich die Schablone senkrecht an den Buchs und schneide an dem ausgeschnittenen Halbkreis entlang. Das geht am besten mit einer Schere mit langen Klingen. Profis verwenden eine Schafschere.

3

Statt einer Schablone kann man auch einen Plastikeimer verwenden: Einfach an den Buchs halten und am Rand entlang schneiden. Stück für Stück einmal um den Buchs herum rücken.

4

5

Fertig! Den Abfall kann ich dank der Unterlage rasch wegräumen - oder Stecklinge daraus machen (→ Seite 101). Wichtig: Den Buchs ein paar Tage in den Halbschatten stellen oder mit einem dünnen Vlies abdecken, sonst droht Sonnenbrand.

Best of Ziergehölze – die gelingen immer

Schneeball
Viburnum spec.

J F M A M J J A S O N D ● ☽ ☀

Kübel: Ø min. 10 cm mehr als Pflanztopf

Wuchs: 0,8–2,5 m hoher Strauch mit weißen bis rosafarbenen Blütenbällen.
Arten: Winter-Schneeball (*V. × bodnantense*) wird nur 1,5 m hoch, blüht vor den Blättern. Hauptblütezeit ist wie beim Duft-Schneeball (*V. farreri*) Ende Februar bis Mitte April. *V. x carlcephalum* bringt im April / Mai große Blütenbälle hervor.
Pflege: Im Frühjahr mit 3 l/m² Kompost düngen. Beim Schnitt auslichten.
Extra-Tipp: Es gibt immergrüne Arten, etwa den Lorbeer-Schneeball (1,5 m).

Sal-Weide
Salix caprea

J F M A M J J A S O N D ☽ ☀

Kübel: Ø min. 10 cm mehr als Pflanztopf

Wuchs: Interessant sind vor allem die männlichen Pflanzen, an denen die zunächst silbrig-flauschigen, später leuchtend gelben Blütenkätzchen erscheinen.
Sorten: Für den Topf eignen sich Hochstämmchen der Hänge-Sal-Weide (*S. caprea* 'Pendula'), sie werden kaum höher.
Pflege: Im Frühjahr mit 3 l/m² Kompost düngen. Ein Schnitt ist nicht notwendig, er wird aber sehr gut vertragen.
Extra-Tipp: Verkraftet Unterpflanzungen sehr gut, zum Beispiel mit Balkan-Windröschen, Blaukissen oder Steinkraut.

Zier-Kirsche
Prunus spec.

J F M A M J J A S O N D ☽ ☀

Kübel: Ø min. 10 cm mehr als Pflanztopf

Wuchs: Die Früchte sind prinzipiell essbar, aber winzig und oft ungenießbar.
Sorten: 'Amanogawa' wächst schlankaufrecht. 'Kiku-shidare-Zakura' blüht gefüllt und wächst malerisch überhängend. Die rundlich wachsende Zwerg-Kirsche 'Brillant' bildet prächtige Herbstfarben.
Pflege: Im Frühjahr mit 3 l/m² Kompost düngen. Nur schneiden, wenn sie zu groß werden. Dann direkt nach der Blüte.
Extra-Tipp: Je sonniger der Platz ist, desto üppiger wird die Blüte.

■ = Blütezeit   ■ = Pflanzzeit   ☀ Sonne   ☽ Halbschatten   ● Schatten

Sommerflieder
Buddleja davidii

J F M A M **J J A S** O N D ◐ ☀

Kübel: Ø min. 10 cm mehr als Pflanztopf

Wuchs: Prächtige lange Blütenrispen an leicht überhängenden Trieben.
Sorten: 'Buzz Ivory' (weiß) hat eine der längsten Blütezeiten (Juni bis Oktober). Die Sorte wird nicht höher als 120 cm und bleibt schön kompakt – wie 'Buzz Violet', 'Buzz Sky Blue' und 'Buzz Pink Purple'.
Pflege: Im Frühjahr mit 3 l/m² Kompost düngen. Anfang Februar auf 20–40 cm stutzen (2–3 Knospen je Trieb müssen stehen bleiben), bei Hochstämmchen auf eine Trieblänge von 10 cm.
Extra-Tipp: Schmetterlingsmagnet! Auch andere Insekten lieben seinen Nektar.

Magnolie
Magnolia spec.

J F **M A M** J J A S O N D ◐ ☀

Kübel: Ø min. 10 cm mehr als Pflanztopf

Sorten: Die Stern-Magnolie (*M. stellata*, z. B. 'Royal Star') trägt duftende Blütensterne in Weiß bis Zartrosa und wächst sehr langsam. Die Blüten der Purpur-Magnolie (*M. liliiflora*) sind lilienförmig. Empfehlenswert für die Kübelhaltung sind Sorten wie 'Nigra', 'Betty', 'Jane' oder 'Susan' (blühen alle in Rosatönen).
Pflege: Magnolien brauchen einen sauren Boden, verwenden Sie daher Rhododendronerde und -dünger. Ein Schnitt ist nicht notwendig. Die Erde sollte vor allem im Sommer konstant feucht sein.
Extra-Tipp: Nicht unterpflanzen.

Zier-Apfel
Malus spec.

J F M **A M** J J A S O N D ◐ ☀

Kübel: Ø min. 10 cm mehr als Pflanztopf

Wuchs: Schmal-aufrechte Bäumchen. Im Frühjahr duftende weiße bis rosarote Blüten, im Herbst prächtig verfärbtes Laub und niedliche Zierfrüchte.
Sorten: Empfehlenswert sind die Sorten 'Red Sentinel' (Blüte weiß, Früchte tiefrot), 'Evereste' (Blüte weiß-rosa, Früchte orangerot) und 'Van Eseltine' (Blüte rosa und halbgefüllt, Früchte gelb bis rot).
Pflege: Im Frühjahr mit 3 l/m² Kompost düngen. Alle 2–3 Jahre auslichten.
Extra-Tipp: Auch die Früchte des Zier-Apfels sind essbar. Sie lassen sich zu köstlichem Gelee verarbeiten.

Obst-Parade

Ballerinas, Zwerge und freche Wilde: Auf dem Balkon oder im Hof von Obstfans tummelt sich ein sympathisches Völkchen. Und sie alle haben nur eines im Sinn: uns zum Naschen zu verführen.

Sie wünschen sich jetzt im Frühling duftende Blüten, träumen aber auch von leckeren Früchten? Kein Problem: Etliche Säulen- und Zwerg-Obstsorten sorgen auch auf kleinem Raum für große Freude. Zwerg-Obstbäumchen sind Miniaturausgaben gewöhnlicher Obstbäumchen und bilden hübsche kleine, bis zu 1,5 m hohe Kronen. Noch platzsparender sind Säulen-Obstbäumchen. Sie bilden am senkrechten, bis zu 3 m hohen Mitteltrieb viele kurze Seitentriebe und bleiben dadurch extrem schlank. Am bekanntesten sind säulenförmige Apfelbäumchen, die als »Ballerinas« Karriere machten. Mittlerweile gibt es Säulenformen aber auch von Birne, Zwetschge und Kirsche sowie von Pfirsich und Nektarine. Die Obst-Minis werden zwar nicht so alt wie ihre großen Verwandten – nach zehn Jahren bringen sie meist keinen nennenswerten Ertrag mehr. Dafür bieten sie neben der Platzersparnis einen zweiten Vorteil: Sie sind selbst für Anfänger easy zu schneiden. Kürzen Sie in der zweiten Junihälfte alle Seitentriebe auf etwa 15 cm Länge ein, bei Äpfeln auf zwei Augen (die kleinen Knubbel am Trieb), also etwa auf 3 cm.

Viele Obstarten gedeihen auch im Kübel und locken mit leckeren Früchten.

Hänge-Erdbeeren finden auch auf dem kleinsten Balkon Platz und sind sehr dekorativ.

Schnell gemacht

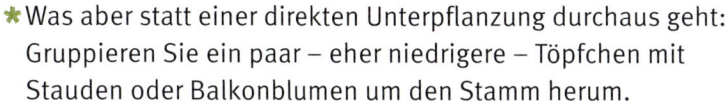

BAUMSCHEIBE SCHMÜCKEN:

Obstgehölze stecken viel Energie in die Fruchtbildung – Konkurrenten, die ihnen mit ihren Wurzeln Wasser und Nährstoffe klauen, mögen sie daher gar nicht.

* Was aber statt einer direkten Unterpflanzung durchaus geht: Gruppieren Sie ein paar – eher niedrigere – Töpfchen mit Stauden oder Balkonblumen um den Stamm herum.
* Nehmen Sie die Töpfchen zum Gießen von der Baumscheibe – so nennt sich der offene Bereich um den Stammfuß herum. Dadurch verhindern Sie, dass die Blumen durch die Wasserabzugslöcher hindurch in den Boden einwurzeln.
* Die Töpfchen lassen sich mit Moos leicht kaschieren.

Simple Pflege

Wenn Sie das gekaufte Bäumchen eintopfen, sollte der neue Topf im Durchmesser mindestens 10 cm größer sein als der Pflanztopf. Umgetopft wird alle zwei bis drei Jahre. Ein Fassungsvermögen von 25–30 Litern ist für die ersten Jahre eine gute Größe, nach sechs Jahren sollten es 50 Liter sein. Achten Sie auf einen guten Wasserablauf und einen sonnigen Standort. Gedüngt wird jetzt im Frühjahr mit einem Langzeitdünger gemäß Packungsanleitung. Wer mehrere Bäumchen sein Eigen nennt, kann einen speziellen Obst-Volldünger verwenden, er enthält besonders viel Kalium, das unter anderem das Aroma und die Haltbarkeit der Früchte för-

dert. Für möglichst hohe Erträge sollten Sie mehrere Sorten pflanzen, die sich gegenseitig befruchten können. Auch selbstbefruchtende Sorten tragen dadurch mehr. Reduzieren Sie bei großfrüchtigem Obst wie Apfel und Pfirsich die Fruchtansätze Anfang Juni auf ein bis zwei Stück je Fruchtbüschel. So verhindern Sie, dass sich das Bäumchen übernimmt und Äste brechen, die Früchte sehr klein bleiben oder der Ertrag im nächsten Jahr deutlich geringer ausfällt. Erntereif sind Apfel und Co, wenn sie sich durch eine Drehbewegung leicht vom Ast lösen. Bei Kirschen heißt es schlicht probieren. Und falls etwas übrig bleibt: Alle Arten einschließlich Beeren (→ Seite 112) lassen sich einfrieren.

Best of Obstgehölze – die gelingen immer

Apfel
Malus domestica

| J | F | M | A | M | J | J | A | S | O | N | D | ◑ | ☀ |

Kübel: Ø min. 10 cm mehr als Pflanztopf

Pflege: Immer Befruchtersorte mitpflanzen. Schatten geht zulasten des Ertrags. Ende März / Anfang April mit Langzeitdünger versorgen. Ein regelmäßiger Schnitt fördert den Ertrag (→ Seite 58).
Sorten: Widerstandsfähige Säulenformen sind für Balkon und Terrasse optimal, zum Beispiel 'Goldlane' (grüngelb; Ernte Oktober), 'Sonate' (grüngelb mit roter Deckfarbe; Ernte Ende September) und 'Rondo' (hellrot; Ernte Anfang Oktober).
Extra-Tipp: Witzig und praktisch sind Mehrsorten-Obstbäumchen.

Birne
Pyrus communis

| J | F | M | A | M | J | J | A | S | O | N | D | ◑ | ☀ |

Kübel: Ø min. 10 cm mehr als Pflanztopf

Pflege: Je weniger Sonne, desto geschützter muss der Standort sein. Staunässe ist absolut tödlich. Ende März mit Langzeitdünger versorgen. Seitentriebe sollten Sie in der zweiten Junihälfte auf 15 cm einkürzen.
Sorten: Eine gute Säulenbirne ist 'Concorde', auch 'Decora' und 'Saphira' tragen aromatische Früchte. Die Letztgenannten befruchten sich gegenseitig.
Extra-Tipp: Das Bäumchen am besten geschützt unter ein Vordach stellen, das beugt dem Birnengitterrost vor.

Süßkirsche
Prunus avium

| J | F | M | A | M | J | J | A | S | O | N | D | ◑ | ☀ |

Kübel: Ø min. 10 cm mehr als Pflanztopf

Pflege: Ende März mit Langzeitdünger versorgen. Wenn Vögel zu viel naschen, blaue Netze (Maschenweite 30 × 30 mm) straff um die Krone spannen. Regelmäßig schneiden (→ Seite 58).
Sorten: Die Zwerg-Süßkirsche 'Stella Compact' (Ernte ab Ende August) ist selbstfruchtbar, eine weitere Sorte als Nachbar erhöht jedoch den Ertrag. Das gilt auch für die Säulenkirsche 'Sylvia'. Ihre Früchte sind ab Juli reif.
Extra-Tipp: Vor Regen geschützt stellen, damit die Früchte nicht aufplatzen.

■ = Pflanzzeit ■ = Ernte   ☀ Sonne ◑ Halbschatten

Zwetschge
Prunus domestica ssp. *domestica*

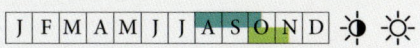

Kübel: Ø min. 10 cm mehr als Pflanztopf

Pflege: Ende März / Anfang April mit Langzeitdünger versorgen. Äste, die ins Kroneninnere wachsen, auslichten. Bei Säulenformen Seitentriebe in der zweiten Junihälfte auf 15 cm zurückschneiden.
Sorten: Die Zwerg-Zwetschge 'Jojo' ist selbstfruchtbar, reichtragend und resistent gegen das Scharka-Virus. Das gilt auch für die Säulensorte 'Anja'.
Extra-Tipp: Die gelben Früchte der verwandten Mirabellen, z. B. 'Mirabelle von Nancy', sind kleiner und zuckersüß.

Kiwi
Actinidia spec.

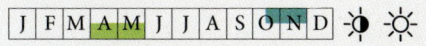

Kübel: Ø min. 10 cm mehr als Pflanztopf

Pflege: Die Schlingpflanze eignet sich super für Pergolen und größere Rankgerüste. Ein Winterschutz ist allerdings erforderlich. Ende März mit Langzeitdünger versorgen. Erst nach drei Jahren am Gerüst ist Vollertrag zu erwarten.
Sorten: Mit Ausnahme der selbstfruchtbaren Sorten wie 'Solo' oder 'Jenny' sind für Früchte eine männliche und eine weibliche Pflanze notwendig.
Extra-Tipp: Mini-Kiwis wie 'Weiki' oder 'Issai' sind sehr frosthart und bilden stachelbeergroße, unbehaarte Früchte, die man mit Schale essen kann.

Pfirsich
Prunus persica

Kübel: Ø min. 10 cm mehr als Pflanztopf

Pflege: Ende März / Anfang April mit Langzeitdünger versorgen. Die Krone sollte man vor Spätfrösten mit Pflanzenvlies oder Jute schützen.
Sorten: Säulen-Pfirsich: 'Grazia' (Ernte ab Mitte August). Zwerg-Pfirsiche: 'Amber' und 'Diamond' (beide ab Ende Juli). 'Crimson Bonfire' trägt attraktives schwarzrotes Laub (ab August). Alle Sorten sind selbstfruchtbar.
Extra-Tipp: Der Kräuselkrankheit können Sie vorbeugen, indem Sie den Pfirsich vor Regen geschützt stellen.

Gestaltung: Schön und lecker

Leckeres Gemüse oder attraktive Zierpflanzen? Wir wollen alles! Mit Topfbewohnern, die einfach zum Anbeißen aussehen und anschließend tatsächlich auf dem Teller landen.

Info

Gartendesigner lieben das filigrane Laub des Fenchels, Gärtner auch die Knollen. Ebenfalls essbar: die Samen der Weißen Lupine (*Lupinus albus*).

Chips oder Schoko, Baggersee oder Festival, Brad Pitt oder Hugh Jackman: Das Leben ist voller schwieriger Entscheidungen. Andererseits, warum wählen, wenn man alles haben kann! Topfgärtner machen es vor: Statt sich zwischen Gemüse und Zierpflanzen zu entscheiden, greifen sie einfach zu Gemüse mit Zierwert. Allein bei den Tomaten reicht die Farbpalette von Rot, Gelb und Grün über Orange bis hin zu fast schwarzen oder gestreiften Sorten. Paprika veranstaltet ein lustiges Wechselspiel von Grün über Creme, Gelb, Orange oder Schwarz bis hin zum typischen, leuchtenden Rot. Und Kohlrabi gibt es nicht nur in sittsamem Weiß, sondern auch in intensiv lilafarbenen Varianten. Das ist aber nur der Anfang.

Leckere Schönheiten

Ebenso hübsch wie lecker ist beispielsweise der Mangold. Mit seinen roten, gelben oder rosafarbenen Stielen zu glänzend grünen Blättern hält er locker mit so mancher Blattschmuckpflanze mit. Auch der Palmkohl (*Brassica oleracea* 'Nero di Toscana precoce') mit seinen rüschenartigen Blattwedeln, leuchtend violetter Blumenkohl wie die Sorte 'Grafitti F1' oder Kartoffeln mit blauvioletten Blüten (und Knollen) wie 'Salad Blue' machen in Kästen und Kübeln einiges

her. Und während Feuer-Bohnen (*Phaseolus coccineus*) Rankgerüste mit auffälligen roten oder weißen Blüten verzieren, ehe sie die eher unspektakulären, aber leckeren grünen Hülsen bilden, reifen aus den weißen bis zart rosafarbenen Blüten der Busch-Bohne 'Borlotto rosso' extravagante gelb-violett gesprenkelte Früchte heran. Die Busch-Bohne 'Voletta' schmückt sich mit Bohnen in leuchtendem Goldgelb.

Schon den Kohlrabi-Jungpflanzen steht die violette Farbe gut zu Gesicht.

Etwas wilder, aber geradezu exotisch muten der Echte und der Kopfige Erdbeerspinat (*Chenopodium foliosum* und *C. capitatum*) an: Ehe der Echte Spinat (*Spinacia oleracea*) den Weg von Asien nach Mitteleuropa fand, bereitete man hier die Blätter des Erdbeerspinats ganz ähnlich zu. Die rot glänzenden, bis 2 cm großen Früchte lassen sich als Salatzugabe oder Naschobst verwenden – Letzteres am besten gezuckert, da sie wenig Eigengeschmack besitzen.

Endgültig vorbei ist die Trennung zwischen Gemüse und Zierpflanze beim Topinambur (*Helianthus tuberosus*). Seine goldgelben Blütenkränze machen denen der nahe verwandten Sonnenblume (*H. annuus*) Konkurrenz. Während man bei Letzterer aber nur die gerösteten Samen essen kann, bildet Topinambur unterirdische süß schmeckende Speicherknollen, die auch als »Süßkartoffeln« bezeichnet werden. Dieser Name ist allerdings schon für eine andere Pflanze reserviert: *Ipomoea batatas* ist ein echter Trendsetter. In den vergangenen Jahren stieg sie mit ihren eleganten herzförmigen Blättern in leuchtendem Grün, Bronze oder Schwarzrot zu einem Star der modernen Balkongestaltung auf. Dass sie ganz nebenbei noch ausgesprochen wohlschmeckende Knollen bildet, geriet vor lauter Begeisterung fast in Vergessenheit. Ebenfalls lecker sind die jungen Blätter und Blütenansätze des Echten Meerkohls (*Crambe maritima*) und auch seine älteren graublauen Blätter können gepflückt und wie Kohl zubereitet werden. Wer stets nur ein bisschen erntet, kann sich zudem an den üppigen weißen Blüten und deren Duft erfreuen.

Sellerie, Mangold, Palmkohl und Paprika mischen sich mit Sommerblumen.

Frischgrüner Salat und rubinroter Mangold, umspielt von Ringel- und Studentenblumen.

Schritt für Schritt: Gemüse im Hochbeet

Was aussieht wie eine simple Holzkiste, hat es in sich: Hochbeete ermöglichen im Hinterhof, auf der Dachterrasse und überall dort, wo die Statik es zulässt, prächtige Ernten.

FÜR ALLE, DIE HOCH HINAUS WOLLEN:

| Hochbeet-Bausatz | grob zerkleinerte Zweige | trockenes Laub | Gießkanne | Rohkompost und feiner Kompost |

Aus wetterfestem Holz wie Robinie, Eiche oder Esskastanie kann man ein Hochbeet auch selbst bauen. Am besten nicht breiter als zwei Armlängen, damit man bequem überall dran kommt. Einfacher sind Bausätze aus Holz, Metall oder Kunststoff.

①

Hochbeete funktionieren im Prinzip wie ein Komposter: Das im Rahmen aufgeschichtete organische Material verrottet nach und nach und setzt dabei Nährstoffe und Wärme frei. Dadurch sind die Pflänzchen auch ohne Düngen bestens versorgt und durch die Wärme verlängert sich zudem die Erntesaison um einige Wochen. Bei der Pflanzenauswahl sollten Sie den je nach Art unterschiedlichen Nährstoffbedarf berücksichtigen. Wenn Sie das Hochbeet frisch angelegt haben, werden am meisten Nährstoffe frei – jetzt fühlen sich Starkzehrer, also Pflanzen, die viele Nährstoffe brauchen, wie im Schlaraffenland, etwa Tomaten, Kartoffeln und Kürbisse. Im zweiten Jahr sind Mittelzehrer wie Möhren, Kohlrabi und Mangold im Hochbeet bestens aufgehoben. Und im dritten Jahr, wenn die Nährstoffe schon deutlich reduziert sind, kommen Schwachzehrer wie Salat, Radieschen oder Zwiebeln an die Reihe.

Wenn ich alle Bretter zusammengesteckt habe, fülle ich eine 30 cm hohe Schicht aus grob zerkleinerten Ästen und Zweigen ein. Fragt einfach mal bei Leuten vom nächsten Kleingartenverein nach Resten vom Heckenschnitt.

2

Nun kommt eine 30 cm starke Laubschicht in den Kasten, die ich anschließend leicht angieße.

3

Zum Schluss fülle ich mit Kompost auf – am besten erst 30 cm hoch mit Rohkompost und dann 15 cm hoch mit Feinkompost. Beides gibt's preiswert beim städtischen Kompostwerk.

4

5

Jetzt setze ich meine Pflanzen ein und gieße sie an. Mein Tipp: Falls das Substrat in den ersten Jahren stark zusammensacken sollte, fülle ich einfach mit Kompost auf. Nach 5 Jahren sollte die Füllung komplett erneuert werden.

SOMMER

JETZT WIRD **AUS DEM VOLLEN** GE-SCHÖPFT! ÜBERALL GRÜNT UND BLÜHT ES UM DIE WETTE, DIE SONNE VERSUCHT SICH AN **NEUEN HITZEREKORDEN** UND AM GRILL LIEFERN SICH DIE HELDEN DES ROSTS EIN DUELL UM DIE BESTE MA-RINADE. DASS DIE **KRÄUTER** AUS EIGE-NER PRODUKTION STAMMEN, VERSTEHT SICH VON SELBST. UND ZUM NACHTISCH GIBT'S SAFTIG SÜSSE ERDBEREN ...

Lust auf ... Sommerspaß!

PFLANZENGLÜCK AUF ALLEN ETAGEN
Platz für noch mehr Grün

Sie brauchen: 3 Blumentöpfe * 2 Bretter (je nach Topfgröße ca. 100 × 20 × 2 cm groß) * 2 Winkel à 15 cm * 2 Haken * Stichsäge * Schraubenzieher * Schrauben

1. Sägen Sie in gleichmäßigem Abstand drei Kreise aus einem Brett aus. Der Radius sollte so groß sein, dass die Blumentöpfe später darin halten.

2. Verschrauben Sie die beiden Bretter im rechten Winkel miteinander. Nun die beiden Winkel an die Bretter schrauben, sie verleihen der Konstruktion zusätzliche Stabilität.

3. Bringen Sie die Haken an der Wand an und hängen Sie das Regal auf. Nun noch die Blumentöpfe bepflanzen und einsetzen, fertig.

BUNTE PFLANZTASCHEN
Wörtlich genommen

Sie brauchen: peppige Kunststofftaschen * evtl. Kies oder Blähton * Blumenerde * vorgezogene Sommerblumen oder eine bunte Saatgutmischung

1. Kunststofftaschen mit Löchern versehen, damit Gießwasser gut ablaufen kann. Sollen die Taschen nicht hängen, sondern stehen, empfiehlt sich eine Drainageschicht aus Kies oder Blähton.

2. Nun Erde einfüllen – an einen Gießrand von 2 cm denken – und eine Samenmischung aussäen oder bereits vorgezogene Pflanzen einsetzen.

ERDBEER-BOWLE MIT MINZE
Eiskalter Tipp für laue Sommernächte

Zutaten: 1 kg Erdbeeren * 4 EL Zucker * 2 Zweige Minze aus dem Kräutertopf * 2 Flaschen Weißwein * 2 Flaschen Sekt

1. Die Erdbeeren waschen, putzen und vierteln. Dann den Zucker darüberstreuen, gut vermischen und eine Stunde im Kühlschrank ziehen lassen.

2. Zwei Zweige Minze waschen, die Spitzen abschneiden und für die Dekoration beiseitelegen. Die restlichen Blättchen abzupfen und mit den gezuckerten Erdbeeren in ein Gefäß geben.

3. Zum Schluss die Erdbeeren mit je zwei Flaschen Sekt und Weißwein übergießen und alles vorsichtig durchmischen. Die Bowle in Gläser füllen und mit Minze dekorieren. Wohl bekomm's!

KRÄUTER-FOCACCIA
Mit sonnenverwöhnten Kräutern

Zutaten: 400 g Mehl * 1 Päckchen Trockenhefe *
½ TL Salz * ½ TL Zucker * 4 EL Olivenöl * 4 EL Kräuter, z. B. Thymian, Salbei und Rosmarin

1. Mehl, Hefe, Salz, Zucker, 2 EL Öl und ca. 300 ml lauwarmes Wasser zu
einem geschmeidigen Teig verkneten. Kräuter fein hacken und einarbeiten.
2. Teig mit einem Küchentuch abdecken und an einem vor Zugluft geschützten warmen Ort gehen lassen, bis er sein Volumen verdoppelt hat.
3. Erneut durchkneten, 1 cm dick ausrollen und auf ein Backblech legen. Für
etwa 20 Minuten gehen lassen. Mit Olivenöl bestreichen.
4. Bei 200 °C Ober- und Unterhitze etwa 25 Minuten backen.

INSEKTENHOTEL
Zimmer frei für Nützlinge

Sie brauchen: 1 Sichtschutzmatte aus
Schilfrohr * Cuttermesser * Draht oder
Kabelbinder * evtl. leere Konservendosen

1. Schilfmatte aufrollen und am Anfang sowie etwa alle 10 cm mit Draht
umwickeln beziehungsweise mit einem Kabelbinder festzurren.
2. Die Rolle jeweils kurz nach einem Draht oder Kabelbinder mit dem
Cuttermesser in 10 oder 20 cm lange Stücke schneiden.
3. Die Rollen direkt an einem geschützten Platz aufhängen oder vorher
noch in eine ausgespülte Konservendose packen.

MINI-TEICH
Kleines, aber feines Wassergärtchen

Sie brauchen: min. 20 cm tiefe, wasserdichte Schale * Wasserpflanzen *
Wasserpflanzendünger

1. Der frei schwimmende Wassersalat
(*Pistia stratiotes*) eignet sich ideal. Wer
einen Kübel zum Mini-Teich umwandeln
möchte, kann auch auf Blütenstars wie
Zwerg-Seerosen (*Nymphaea tetragona*,
z. B. 'Aurora' oder 'Froebeli'), Wasserhyazinthe (*Eichhornia crassipes*) oder
Hechtkraut (*Pontederia cordata*) setzen. Auf jeden Fall Sauerstoffspender
einplanen, etwa Binsen (*Scirpus*) oder
Krebsscheren (*Stratiotes aloides*).
2. Beschränken Sie sich auf maximal
fünf Pflanzen je Quadratmeter Wasseroberfläche, davon nicht mehr als eine
Zwerg-Seerose, sonst wird es zu eng.
3. Mini-Teich im Halbschatten platzieren. Bei jedem Nachfüllen ein paar
Tropfen Wasserpflanzendünger in Wasser geben. Im Winter an einen hellen,
15–20 °C warmen Platz stellen.

Hochkonjunktur auf dem Balkon

Nachdem der einziehende Frühling die Eisheiligen ganz unchristlich davongejagt hat, können auch die letzten Balkonbewohner ihren Platz im Freien einnehmen.

> **Größere Kübelpflanzen lassen sich am besten mit einer Sackkarre oder mit Tragegurten transportieren. Oder man bittet den Nachbarn um Hilfe.**

Mamertus, Pankratius, Servatius, Bonifatius, Sophie: Mal ehrlich, ein paar Heilige weniger hätten es auch getan – oder sie hätten zumindest Sonnenschein im Gepäck haben können anstelle von Kälte und Schnee. Die fünf Tage im Mai sind aber zum Glück nur ein letztes Aufbäumen des Winters. Achtung: Im Kalender sind die Eisheiligen an den Tagen vom 11. bis 15. Mai eingetragen. Diese Daten gehen aber noch auf die Zeit vor der Einführung des gregorianischen Kalenders zurück, nach dem wir uns heute richten. Tatsächlich droht der Kälteeinbruch eher an den Tagen vom 23. bis 27. Mai!

Startschuss für Exoten

Anschließend dürfen auch all die Schönheiten Frischluft schnuppern, denen Spätfröste arg zugesetzt hätten. Exotische Kübelpflanzen können Sie jetzt aus ihrem Winterquartier räumen oder endlich, endlich aus dem Gartencenter entführen. Da sie sich erst an die Sonne gewöhnen müssen, kommen sie anfangs an einen halbschattigen Platz oder werden mit einem dünnen Vlies zumindest gegen die pralle Mittagssonne geschützt. Auch Zauberglöckchen (→ Seite 77) und Petunien halten nun Einzug auf dem Balkon und Tomaten, Gurken, Zucchini und andere wärmeliebende Gemüsearten freuen sich

darüber, die Sonne nicht länger nur durch die Fensterscheiben zu sehen. Auch für sie gilt: Gewöhnen Sie die Jungpflanzen allmählich an die Strahlung, ehe Sie sie – unter Beachtung der Pflanzabstände (→ Seite 36 und 96) – in Kübel und Kästen setzen. Überhaupt hat die Sonne jetzt schon eine beträchtliche Kraft und erste Überlegungen zum Sonnenschutz für den Gärtner selbst stehen an. Entscheiden Sie sich am besten

Zauberglöckchen passen ebenso zu verspielten wie zu eleganten Balkonen.

Der Oleander darf nach der Winterpause wieder frische Luft schnuppern …

… genau wie der Gärtner, denn nun werden Tisch und Stühle herausgeholt.

15 MAI

schon für eine entsprechende Sonnen- und Sichtschutzlösung, bevor der Balkon mit Töpfen und Kübeln vollgestellt ist. Anregungen finden Sie ab Seite 142.

Wenn nach der ersten Shoppingtour noch Platz für weitere Mitbewohner ist, lohnt sich ein Blick ins Familienbuch der Knollenpflanzen: Topinambur (→ Seite 63), Gladiolen, Knollen-Begonien, Montbretien (*Crocosmia*) oder Lilien, sie alle stehen nun in den Startlöchern. Wie sie sind auch die herrlichen Dahlien für drei bis vier Handvoll Sand im Topf dankbar, denn Staunässe bringt die Knollen zum Faulen. Der Ansatz des alten Stiels sollte etwa 5 cm unter der Erde liegen und nach oben zeigen. Allein mit Dahlien

können Sie viele Wochen für Farbe auf dem Balkon oder im Hinterhof sorgen: Die frühesten Sorten öffnen schon im Juni ihre Blüten, die spätesten blühen bis zum ersten Frost. Es locken unzählige Farbkombinationen und Blütenformen von Seerosen- bis Kaktusdahlien. Planen Sie auf jeden Fall genug Platz ein und bevorzugen Sie gegebenenfalls niedrige, kompakt bleibende Sorten wie die sonnengelbe 'Yellow Sneezy'. Sie wird nur um die 40 cm hoch. Tipp: Dahlien und andere Knollenpflanzen können Sie ab April / Anfang Mai in Töpfe pflanzen und an einen hellen, mäßig warmen Platz im Haus stellen. Das verschafft ihnen einen Wachstumsvorsprung, ehe sie Ende Mai hinausdürfen.

Fröhliche Sommerblumen

Sie sind perfekt für alle, die Abwechslung lieben: Einjährige Balkonpflanzen und bunte Sommerblumen blühen zwar nur eine Saison lang, dafür aber umso üppiger. Unkompliziert sind sie obendrein.

Unzählige schöne Blumen warten darauf, Ihren Balkon zu schmücken – aber Platz ist gerade mal für zehn? Entscheiden Sie sich einfach für einjährige Balkonpflanzen und verleihen Sie Ihrem grünen Reich jedes Jahr ein neues Gesicht. Wer sofort Ergebnisse sehen will, für den stehen auf den Verkaufstischen viele teils schon blühende Jungpflanzen bereit: Elfenspiegel, Verbenen, Zauberglöckchen und dergleichen wollen nur noch eingepflanzt, regelmäßig gegossen und gedüngt werden, schon verwandeln sie Kästen, Kübel und Ampeln in ein Blütenmeer.

Glück in Tüten

Lassen Sie sich gerne überraschen, sind Blumenmischungen zum Aussäen genau das Richtige. Ob Sie sich einen Blütentraum in Blau-Weiß wünschen, Schmetterlinge anlocken möchten oder nach Spezialisten für besonders heiße Plätze suchen, unter den zahlreichen Mischungen werden Sie garantiert fündig. Loses Saatgut streut man direkt in den mit Erde gefüllten Kasten oder Kübel aus. Je nach Angaben auf der Packung bedeckt man es dünn mit Erde oder drückt es lediglich an und gießt (→ Seite 34).

Entfernen Sie Verblühtes wie hier am Ziertabak regelmäßig.

Drinnen vorgezogene Sonnenblumen haben einen Wachstumsvorsprung.

Schnell gemacht

SAMENBOMBEN BASTELN:

Ihr Name klingt martialisch, ihr Inhalt verspricht Love & Peace: Samenbomben sind eine tolle Erfindung. So geht's:

* Saatgut verschiedener Blumenarten miteinander mischen. Dann Samen mit Kompost und Tonpulver (→ Seite 154) vermengen im Verhältnis 1:3:5. So viel Wasser zugeben, dass eine gut formbare Masse entsteht.
* Walnussgroße Kugeln formen und an einem luftigen Ort abseits der prallen Sonne trocknen lassen. Anschließend werfen oder an Freunde verschenken. Tipp: Gute Keimraten erzielen Sie mit heimischen Wildpflanzen wie Klatsch-Mohn (*Papaver rhoeas*) und Kornblume (*Centaurea cyanus*).

Saatbänder haben den Vorteil, dass die Samen zwischen dünne Papierschichten eingebettet schon genau im richtigen Abstand zueinander liegen. Saatvliese oder -platten haben ein größeres Format und eignen sich sehr gut für Töpfe und Kübel. Mit der Schere schneidet man sie einfach auf die passende Größe zurecht. Natürlich können Sie anstelle von bunten Mischungen auch einzelne Pflanzenarten aussäen. Große Samen wie von Sonnenblumen säen Sie in Dreiergrüppchen aus, lassen aber nur den kräftigsten Sämling stehen; die anderen können Sie umpflanzen. Auch Ringelblumen, Zinnien und Löwenmäulchen gehören zu den Sommerblumen, die direkt draußen ausgesät werden – und

von denen man auch ganz einfach eigenes Saatgut ernten kann, vorausgesetzt, man verwendet samenechte Sorten (→ Seite 31). Warten Sie, bis die nach der Blüte heranreifenden Samenstände fast vollständig getrocknet sind. An einem sonnigen, trockenen Tag brechen Sie dann die Samenkapseln oder -schoten auf und klopfen die Samen in eine vorher beschriftete lichtundurchlässige Papiertüte. Diese bewahren Sie bis zum Frühjahr an einem dunklen, kühlen und trockenen Ort auf. Nicht vergessen: Zweijährige wie Bart-Nelke (→ Seite 48), Stockrose und Fingerhut aussäen. Sie bilden im Jahr nach der Aussaat nur eine Blattrosette und blühen im zweiten – dann aber mit voller Kraft.

Schritt für Schritt: Blütenschmuck im Gefäß

Nach den letzten Spätfrösten machen sich Ihre Balkonblumen bereit für den großen Auftritt. Nach kurzer Eingewöhnungszeit präsentieren sie sich schon bald in Bestform.

ZUTATEN FÜR BLÜTEN-POTPOURRI:

Balkonkasten, Kübel oder Ampel · **Kies oder Blähton** · **Gärtnervlies** · **Blumenerde** · **Pflanzschaufel** · **Pflanzen**

> Als Erstes fülle ich Blähton oder Kies in mein Pflanzgefäß. Bei einem Standard-Balkonkasten etwa 4 cm hoch. Das verbessert den Wasserabzug und beugt Staunässe vor.

1

Kästen und Kübel bepflanzen ist wirklich ein Kinderspiel. Ehe Sie jedoch loslegen, sollten Sie kontrollieren, ob die ausgewählten Gefäße schon Wasserabzugslöcher haben. Bei vielen gekauften Exemplaren aus Kunststoff sind die Löcher zwar vorgeprägt, müssen aber noch aufgebohrt werden. Auch bei Gefäßen Marke Eigenbau sollten Sie gegebenenfalls zum Handbohrer oder zur Bohrmaschine greifen, bei Kunststofftaschen reicht die Schere. Tipp: Kunststofftaschen schmiegen sich, wenn sie erst mal mit Erde befüllt sind, oft so perfekt an den Boden an, dass das Wasser trotz Abzugslöchern kaum abfließen kann. In diesem Fall hilft eine Holzpalette als Untergestell. Blumenampeln bepflanzen Sie entweder zu zweit, sodass einer die meist rund oder spitz zulaufende Ampel in der Senkrechten halten kann. Oder Sie setzen die Ampel einfach auf einen Topf in der passenden Größe.

Jetzt kommt ein Streifen wasserdurchlässiges Vlies oder dünner Stoff auf die Drainage. Dadurch kann ich Blähton und Erde am Saisonende ganz leicht trennen.

Erde fülle ich zunächst nur etwa ein Drittel des Kastens hoch auf. Jetzt teste ich nämlich erst mal, welche Pflanze an welchen Platz kommen soll. Am besten aufrecht wachsende und hängende Arten im Wechsel einsetzen.

Nun heißt es Pflanze austopfen, platzieren, etwas Erde auffüllen und seitlich an den Ballen andrücken. Dann mit der nächsten Pflanze fortfahren.

Die Erde fülle ich nur bis etwa 2 cm unter den Rand auf, damit sie beim Wässern nicht über den Rand geschwemmt wird. Zum Schluss ohne Brauseaufsatz gründlich angießen - voilà, das war's.

Best of Sommerblumen – die gelingen immer

Elfenspiegel

Nemesia-Hybriden

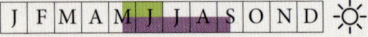 J F M A M J J A S O N D ☀

Pflanzabstand: 20 cm

Wuchs: Elfenspiegel wird 25–40 cm hoch und wächst halb-aufrecht bis buschig-hängend. Toll auch für Blumenampeln.
Blüte: Löwenmaulähnliche Blüten in Weiß, Gelb, Rosa, Rot und Blauviolett.
Pflege: Ein warmer, geschützter Platz ist optimal. Erde nie ganz austrocknen lassen. Wöchentlich mit Flüssigdünger versorgen. Bei nachlassender Blühfreudigkeit um die Hälfte zurückschneiden.
Extra-Tipp: Mehrfarbige Sorten wie 'Cherry on Ice' bringen mehr Spannung.

Kapkörbchen

Osteospermum-Hybriden

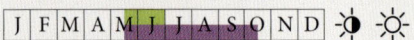 J F M A M J J A S O N D ☽ ☀

Pflanzabstand: 30 cm

Wuchs: Die 30–50 cm hohen Balkonpflanzen besitzen dunkelgrüne fleischige Blätter und wachsen rundlich kompakt.
Blüte: Margeritenähnliche Blüten in Weiß und in pastelligen oder kräftigen Spielarten von Gelb, Orange, Rosa und Violett. Viele mehrfarbige Varianten.
Pflege: Vor Spätfrost schützen. Je sonniger, desto mehr Blüten. Nicht austrocknen lassen, wöchentlich mit Flüssigdünger versorgen. Verblühtes entfernen.
Extra-Tipp: Bei 'Whirlygig' sind die Blütenblätter löffelförmig eingerollt.

Sonnenblume

Helianthus annuus

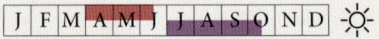 J F M A M J J A S O N D ☀

Saattiefe: 2 cm | Pflanzabstand: 40 cm

Wuchs: Sie kann bis zu 5 m hoch werden, viele Gartensorten erreichen aber nur 120–200 cm.
Blüte: Strahlend gelbe Zungenblüten stehen um die dunklen Staubgefäße. Es gibt auch dichtgefüllte Sorten, etwa 'Teddybär' (50 cm hoch).
Pflege: Frühzeitig stützen. Abgeknickte Blüten lassen sich mit Bambusstäben und Klebeband schienen.
Extra-Tipp: Sorten wie 'Snack' bilden große Kerne, die geröstet ein Genuss sind.

■ = Aussaat ■ = Pflanzzeit ■ = Blütezeit ■ = Ernte 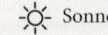 Sonne 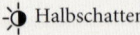 Halbschatten

Zauberglöckchen
Calibrachoa-Hybriden

Pflanzabstand: 25 cm

Wuchs: Bildet bis zu 60 cm lange, mit grünen Blättern besetzte Ranken, daher schön in Blumenampeln oder Balkonkästen. Dichter kugelförmiger Wuchs.
Blüte: Pastelltöne sind ebenso im Angebot wie kräftige Farben.
Pflege: Optimal ist ein sonniger, regen- und windgeschützter Platz. Verträgt auch Schatten, blüht dann aber nur spärlich. Wöchentlich mit Flüssigdünger versorgen. Bei gelben Blättern mit grünen Adern Petuniendünger verwenden.
Extra-Tipp: Ein regelmäßiger Rückschnitt regt die Blütenbildung an.

Eisenkraut
Verbena-Hybriden

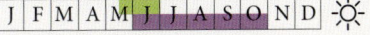

Pflanzabstand: 30 cm

Wuchs: Aufrecht bis überhängend mit etwa 25 cm langen Trieben. Krautiges Aussehen mit gefiederten Blättchen.
Blüte: Zahlreiche kleine Blüten bilden kompakte schirmartige Dolden. In vielen Farben, von Weiß und Apricot über Rosa und Violett bis hin zu Karminrot.
Pflege: Auf eine regelmäßige Wasserversorgung achten. Einmal wöchentlich Flüssigdünger ins Gießwasser geben.
Extra-Tipp: Verblühte Dolden abschneiden (etwa 0,5 cm oberhalb eines gut ausgebildeten Blattpaares). Fertige Pflanzen kaufen ist besser als Aussaat.

Süßkartoffel
Ipomoea batatas

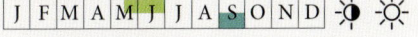

Pflanzabstand: 40 cm

Wuchs: Dank bis zu 150 cm langer Ranken und eleganter, je nach Sorte leuchtend grüner oder schwarzvioletter Blätter ist die Süßkartoffel auch ohne auffällige Blüten ein echter Hingucker. Ergänzt blühende Balkonpflanzen optimal.
Pflege: Braucht viel Wasser und einmal wöchentlich eine Portion Flüssigdünger.
Extra-Tipp: Auch die auf hohen Zierwert gezüchteten Sorten sind essbar. Wer einige Knollen im September erntet, kühl und dunkel lagert, kann sie im nächsten Jahr ab Mitte März im Haus vortreiben und im Mai auspflanzen.

Schillernd: Exotische Kübelpflanzen

Manchmal möchte man nicht kleckern, sondern klotzen: Kübelpflanzen aus fernen Ländern begeistern mit prachtvollen Blüten in leuchtenden Farben und bringen im Nu Urlaubsfeeling auf den Balkon.

> Geld und Platz sparen Sie mit Allroundern wie der Kentiapalme (*Howea fosteriana*): Sie verbringt den Sommer draußen und den Winter als Zimmerpflanze.

Hibiskus, Jasmin, Bougainvillea: Schon die Namen vieler Kübelpflanzen klingen wie ein Versprechen – und wecken nicht selten das Fernweh. Aber auch wenn Urlaub eine feine Sache ist – wer sich im Sommer auf den Weg macht, verpasst die beste Zeit zu Hause! Während manche heimische Pflanze in der drückenden Sommerhitze ächzt, laufen andere Topfschönheiten nämlich zur Höchstform auf. Heißblütige Mittelbewohner wie der Oleander (→ Seite 82) und bezaubernde Südseeschönheiten wie das Wandelröschen (*Lantana camara*) sind echte Sonnenanbeter.

30 Grad im Schatten? Herrlich – umso mehr, da die exotischen Balkonbewohner erst nach den Eisheiligen dauerhaft ins Freie dürfen, da besteht Nachholbedarf!

Jährliche Schönheitskur

Pflanzen, die drinnen überwintert haben, machen Sie erst mal sommerchic. Dazu gönnen Sie Ihren Schützlingen bei Bedarf einen neuen Topf (→ Seite 80) und einen neuen Haar-, Pardon, Zweigschnitt. Der Friseurtermin sollte allerdings nicht im Kahlschlag enden. Entfernt werden trockene Triebe und solche, die unter Krankheitsverdacht stehen, also nicht so kräftig und gesund wirken wie der Rest. Sind arg viele Zweige ins Kroneninnere gewachsen, sodass es dort allmählich eng und dunkel wird, sollten Sie auch hier einige Exemplare herausschneiden – Auslichten nennen das die Profis. Außerdem können Sie die Gelegenheit nutzen, um die Form der Gehölze etwas nachzuschärfen. Bei den meisten Kübelpflanzen ist das recht einfach, da sie ohnehin eine rundliche bis ovale Krone bilden (→ Seite 54). Grundsätzlich sollte man sich schon beim Kauf danach erkundigen, wie und wann die Pflanze geschnitten werden soll. Einige Arten, beispielsweise der Oleander, bilden die Blütenknospen für die neue Saison nämlich

Oleander (*Nerium oleander*) bringt Farbe und einen Hauch Fernweh auf den Balkon.

Die Engelstrompete gehört zum eindrucksvollsten Star des Kübelpflanzenuniversums. Achtung, hochgiftig!

schon im Herbst. Wem hier im Frühjahr die Schere zu locker sitzt, der ärgert sich später. Statt an allen Trieben herumzuschnippeln, gilt es hier, jedes Jahr ein bis drei der ältesten Triebe direkt überm Boden zu kappen.

Nachschlag gefällig

Gut gestartet, versuchen sich die weit gereisten Blütenstars bis in den September hinein gegenseitig in Fülle und Farbenpracht zu übertreffen. Einige wie der Jasmin oder die Frangipani (*Plumeria*) verströmen zudem einen herrlichen Duft, der anregender als manches Aphrodisiakum wirken kann. Diese beeindruckenden Effekte kosten die Pflanzen aber ganz schön Kraft. Kein Wunder also, dass sich viele Arten über eine Extraportion Wasser und Dünger freuen, wenn sie sich gerade an den Rand der Erschöpfung geblüht haben. Zwei- bis dreimal pro Woche sollten Sie Engelstrompete (*Brugmansia*), Zylinder-

putzer (*Callistemon*), Bleiwurz (→ Seite 83) und Konsorten in der Hauptwachstumszeit von Mai bis Ende August Kraftfutter in Form von Flüssigdünger ins Gießwasser mischen – zum Dank gibt es eine nicht enden wollende Blütenfülle. Ab Ende August dürfen sich die Leistungssportler unter den Balkonbewohnern allmählich auf die Ferien vorbereiten, und das heißt: Ab jetzt ist Schluss mit dem nahrhaften Dünger! Pflanzen haben für die Diät übrigens wichtigere Gründe als unsereins: Sie bereiten sich auf die kalte Jahreszeit vor und härten sich wortwörtlich ab, indem sie ihr Holz festigen. Das funktioniert aber nur bei Magerkost, sonst bleiben die Triebe weich und damit anfällig für Schädlinge, Krankheiten und tiefe Temperaturen. Übrigens: Falls Sie schon jetzt grübeln, wie und vor allem wo Sie Ihre neu erstandene Engelstrompete über den Winter bringen: Viele Gärtnereien bieten einen Überwinterungsservice an (→ Seite 131).

Schritt für Schritt: Beinfreiheit für Topfriesen

Zu kleine Schuhe sind blöd, zu kleine Töpfe auch: Verschaffen Sie Oleander und Co. mehr Platz und neue Energie, indem Sie die Pflanzen regelmäßig umtopfen. Das klappt auch mit den ganz großen.

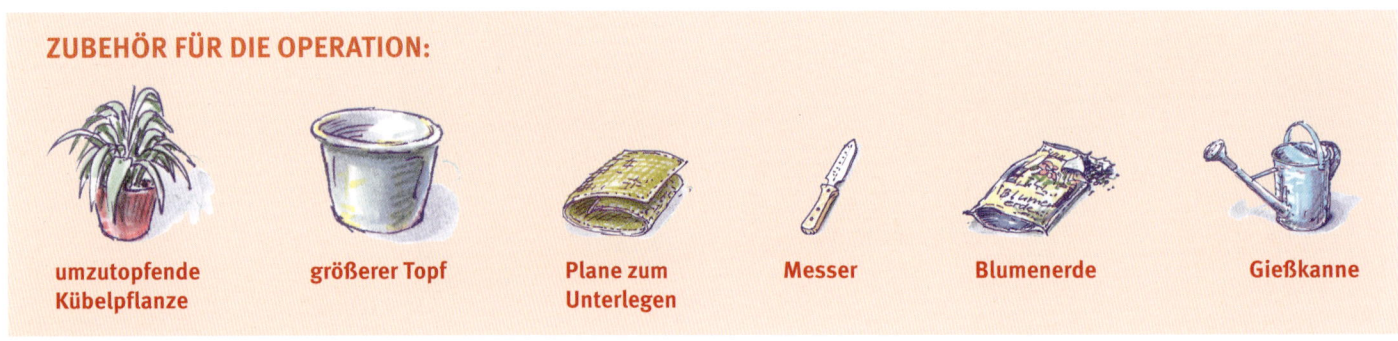

ZUBEHÖR FÜR DIE OPERATION:

| umzutopfende Kübelpflanze | größerer Topf | Plane zum Unterlegen | Messer | Blumenerde | Gießkanne |

> Als Erstes fülle ich etwas Erde in den neuen Topf. Wie viel ich brauche, hängt von der Größe der Pflanze ab: Die Oberfläche des Wurzelballens sollte etwa 3 cm unterhalb der Topfkante enden.

①

Dünne Kunststofftöpfe haben einen Vorteil: Es ist nicht zu übersehen, wenn sie zu klein werden. Viele Pflanzen sprengen dann nämlich schlicht ihr zu enges Zuhause. So weit sollten Sie es aber gar nicht erst kommen lassen. Etwa alle drei Jahre ist Umtopfen angesagt. Der neue Topf sollte im Durchmesser 3–5 cm größer sein als der alte. Allerdings kann nach mehrmaligem Umtopfen der Platz auf dem Balkon knapp werden. In diesem Fall nehmen Sie die Pflanze aus dem Topf heraus und bröseln rundherum möglichst viel Erde ab, ohne die Wurzeln stärker zu beschädigen. Alternativ schneiden Sie mit einem scharfen sauberen Messer ein Tortenstück aus dem Ballen heraus – Achtung, nicht ganz bis zur Mitte schneiden, sonst beschädigen Sie die Hauptwurzeln. Dann den Ballen wieder in den alten Topf setzen und mit frischer Erde auffüllen. Auch so erhält die Pflanze etwas Nährstoffnachschub.

Dann nehme ich die Pflanze aus ihrem alten Topf. Das geht am besten, wenn ich sie einige Stunden vorher gegossen habe. Hängt sie fest, drücke ich den Topf etwas oder schneide ihn notfalls auf.

Damit möglichst viel frische Erde in den Topf passt, drücke ich den Wurzelballen ein bisschen zusammen und entferne etwas alte Erde.

Jetzt kann ich den Ballen in den neuen Topf setzen und frische Blumenerde auffüllen. Dabei lasse ich, je nach Topfgröße, einen Gießrand von etwa 2-5 cm.

Zuletzt noch gründlich angießen - und dann zusehen, wie die Pflanze mit neuer Energie durchstartet.

Best of Kübelpflanzen – die gelingen immer

Oleander

Nerium oleander

J F M A M J J A S O N D ☀

Kübel: Ø min. 10 cm mehr als Pflanztopf

Wuchs: Immergrüner 0,8–2 m hoher Strauch mit ledrigem Laub. Einfache oder gefüllte Blüten in Weiß, Gelb, Rot und in verschiedenen Pastelltönen.
Pflege: Nie ganz austrocknen lassen. Wöchentlich zweimal mit Flüssigdünger versorgen. Jährlich umtopfen. Überwinterung: Möglichst spät ins Winterquartier holen, kurzzeitig wird Frost bis −5 °C vertragen. Hell bei 0–10 °C überwintern.
Extra-Tipp: Jährlich zwei bis drei der ältesten Triebe über dem Boden abschneiden, dann wächst er schöner.

Schmucklilie

Agapanthus spec.

J F M A M J J A S O N D ☀

Kübel: Ø min. 3 cm mehr als Pflanztopf

Wuchs: Dichte Horste aus eleganten riemenartigen Blättern. Imposante Blütenkugeln in Reinweiß oder Blau.
Pflege: Windgeschützt stellen. Verwelktes ausbrechen. Erst gießen, wenn die Erde abgetrocknet ist. Alle 14 Tage düngen. Überwinterung: frostfrei, hell oder dunkel. Bei hellem Stand frühere Blüte.
Extra-Tipp: Umtopfen, wenn sich die Wurzeln oben aus dem Topf schieben. Das neue Gefäß sollte aber nur wenig größer sein als das alte, sonst bilden sich mehr Blätter als Blüten.

Zylinderputzer

Callistemon spec.

J F M A M J J A S O N D ☀

Kübel: Ø min. 3 cm mehr als Pflanztopf

Wuchs: 1–3 m hoch. Je nach Schnitt wächst er als länglicher Strauch, rundlicher Busch oder Hochstamm mit Kugelkrone. Die Blätter sind ledrig. Die Blütenstände in Rot, Pink oder zartem Gelb sehen aus wie Flaschenbürsten.
Pflege: Nie austrocknen lassen und alle 14 Tage düngen. Verwelktes ausschneiden. Sehr hell überwintern, optimal sind 12–15 °C. Sie verträgt aber bis 5 °C.
Extra-Tipp: Blüht schubweise im Mai, im August und bei heller Überwinterung zusätzlich im Oktober und im Februar.

82   ■ = Blütezeit   ☀ Sonne   ☼ Halbschatten   ● Schatten

Bleiwurz
Plumbago spec.

J F M A M J J A S O N D ◐ ☀

Kübel: Ø min. 3 cm mehr als Pflanztopf

Wuchs: Nicht mit der Staude Bleiwurz (*Ceratostigma*) zu verwechseln. Buschig oder als Hochstämmchen wachsend. Unzählige blaue oder weiße Blüten. Gut als Säule zu ziehen, dann bis 2 m hoch.
Pflege: Erde nicht austrocknen lassen, Staunässe vermeiden. Alle 14 Tage düngen. Ende März auf gewünschte Form stutzen. Am besten hell bei 5–15 °C überwintern, bei dunklerem Stand wirft die Pflanze die meisten Blätter ab.
Extra-Tipp: *Plumbago indica* blüht rosa.

Olive
Olea europaea

J F M A M J J A S O N D ☀

Kübel: Ø min. 3 cm mehr als Pflanztopf

Wuchs: Knorriger immergrüner Strauch bis Kleinbaum oder Hochstämmchen mit graugrünen, hartlaubigen Blättern. Die gelben Blütchen sind unscheinbar.
Pflege: Erst gießen, wenn die Erde abgetrocknet ist. Alle 14 Tage düngen. Sehr schnittverträglich, der beste Zeitpunkt ist im Herbst. Sehr hell bei 5–15 °C überwintern. Optimal sind 5 °C.
Extra-Tipp: Für Früchte sind mindestens zwei Bäumchen oder selbstfruchtbare Sorten wie 'Gordal' notwendig. Die Steinfrüchte sind hübsch, aber erst nach mehrmaligem Einlegen genießbar.

Fuchsie
Fuchsia spec.

J F M A M J J A S O N D ● ◐ ☀

Kübel: Ø min. 3 cm mehr als Pflanztopf

Wuchs: Strauchig oder als Hochstämmchen. Je nach Art 0,2–5 m hoch. Auffällige mehrfarbige Blütenglöckchen in Weiß, Rosa, Rot oder Blauviolett. Der Pflanzabstand im Kasten sollte 15 cm betragen.
Pflege: Gießen, wenn die Erde abgetrocknet ist. Wöchentlich düngen. Verblühtes entfernen. Den Wurzelballen vor praller Sonne schützen. Triebe vorm Einwintern um zwei Drittel kürzen. Dann hell oder dunkel bei 3–10 °C überwintern.
Extra-Tipp: Für bessere Verzweigung die Triebspitzen im April auskneifen.

Gestaltung: Südseezauber im dritten Stock

Warum nur von Sonne, Sand und Cocktails träumen? Mit den passenden Pflanzen und der richtigen Deko versprühen selbst Dachterrasse, Hinterhof oder Mini-Balkon im Nu karibisches Flair.

Info

Abends zaubern Bambusfackeln romantische Stimmung. Wo es eng ist, wählen Sie die ungefährliche und rußfreie Variante: Solar-Lampions.

Natürlich kann man sich an einem schönen Sommerabend in Schale werfen und zur hippen Open-Air-Lounge auf dem Hochhausdach pilgern. Man kann aber auch einen Schritt aus der Balkontür machen, den Grill anwerfen und mit Menschen feiern, die man wirklich mag – ohne Krawatte und kleines Schwarzes, aber mit leckeren selbst gemixten Cocktails. Die Zutaten fürs Karibik-Feeling sind schnell beisammen.

Unter Palmen

Was auf keiner Balkoninsel fehlen darf, sind natürlich Palmen. Aus Topfgärtnersicht am besten geeignet sind Arten, die im Spätherbst einfach ins Zimmer umziehen können. Wundervolle breit gefächerte Wedel tragen beispielsweise die mehrtriebige, buschig wachsende Zwergpalme (*Chamaerops humilis*) und die eintriebig wachsende Kalifornische Fächer-Palme (*Washingtonia filifera*). Bei Platzmangel sind Sie mit der Kentiapalme (*Howea forsteriana*) gut beraten. Sie wächst relativ langsam und ihre überhängenden Wedel sind weniger sperrig und scharfkantig als die der beiden erstgenannten Arten. Noch verträglicher sind Bergpalme (*Chamaedorea elegans*) und Goldfruchtpalme (*Chrysalidocarpus lutescens*): Beide besitzen anschmiegsame wei-

che Blätter und wachsen eher aufrecht und somit platzsparend. Wer seinen Pflanzen von November bis April ein helles, kühles, aber frostfreies Winterquartier bieten kann, etwa im Treppenhaus, wird vielleicht Gefallen an der beliebten Hanf-Palme (*Trachycarpus fortunei*) finden. An einem vor Regen und Zugluft geschützten Platz, mit nach oben zusammengebundenen Wedeln und in ein luftdurchlässiges Vlies eingewickelt übersteht sie den Winter sogar im Freien.

Die Kombination aus Holzdeck und Palme verbreitet entspannte Urlaubsstimmung.

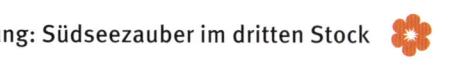

Ein neuer Anstrich für Betonwand und Klappstühle, und das Südsee-Feeling ist perfekt.

Die robusten Wandelröschen (*Lantana camara*) begeistern mit leuchtenden Farben.

Doch zurück zu wärmeren Gefilden: An der Copacabana scheinen die Farben intensiver zu strahlen als anderswo. Dem frischen Grün setzen Sie daher am besten knallige Farbtöne entgegen, damit sie sich in ihrer Leuchtkraft gegenseitig verstärken. Die an fliegende Kolibris erinnernden, bunt schillernden Blüten der Paradiesvogelblume (*Strelitzia*) sind für viele Menschen der Inbegriff von Exotik. Auch opulente Hibiskusblüten (*Hibiscus rosa-sinensis*) in Pink oder in Sonnengelb mit einem Klecks Himbeer versetzen den Betrachter in Urlaubsstimmung.
Bei den Accessoires können Sie aus dem Vollen schöpfen: Bastmatten verdecken die Balkonbrüstung oder dienen bei entsprechendem Platz als Umrandung für die aus Obstkisten gezimmerte Beach-Bar. Sonnenschirme aus weißem Leinen oder bunte Bastvarianten sowie kleine Wasserspiele bringt Kühle ins Südseeparadies. Und wer eine geschlossene Balkonbrüstung und einen leistungsfähigen Staubsauger hat, kann sogar die Füße in den Sand stecken – alle anderen weichen auf Bastmatten oder Holzfliesen aus (→ Seite 141). In einem Rattanliegestuhl lässt sich die entspannte Atmosphäre stilecht genießen und selbst auf das Meeresrauschen muss niemand verzichten: Einfach eine der als Deko drapierten Muscheln ans Ohr halten und sich von den Wellen forttragen lassen.

Bewässerung: Easy going bei Hitze

Für Sie gibt es kühle Getränke am Pool, während Ihre Pflanzen zu Hause dürsten müssen? Hier kommen Lösungsvorschläge, damit Sie Ihren Urlaub ohne schlechtes Gewissen genießen können.

Es gibt Pflanzensitter, die machen einem blühenden Balkon in einer Woche den Garaus. Und es gibt solche, zu denen man sich nicht traut, weil die Pflanzen danach besser aussehen als vorher. Beides ist suboptimal. Dennoch ist man oft dankbar, wenn sich ein Kumpel oder Nachbar zur Urlaubsvertretung bereit erklärt. Damit nichts schiefgeht, gilt: Teilen Sie Ihr Pflanzenwissen und schreiben Sie dem Sitter eine kurze Liste. Noch besser: Gruppieren Sie die Töpfe wenn möglich nach den Pflanzenansprüchen. Links stehen dann zum Beispiel alle Exemplare, die getrost ein

paar Tage ohne Gießen überstehen; rechts die, die alle drei Tage gewässert werden sollten; und in der Mitte – also am besten erreichbar – die Arten, die partout nicht ohne tägliche Versorgung können.

Wasser und Zeit sparen

Mit kleinen Tricks können Sie dem Pflanzensitter und sich selbst das Leben erleichtern, zum Beispiel indem Sie Pflanzgefäße mit Wasserspeicher verwenden. Sie besitzen einen doppelten Boden. Aus diesem Reser-

Hortensien sind durstig – das sollte auch der Pflanzensitter wissen.

Mit einer Tropfbewässerung sind Ihre Pflanzen den ganzen Sommer perfekt versorgt.

Schnell gemacht

WASSERSPENDER:

Manchmal geht es auch ohne Pflanzensitter: Eine simple und kostengünstige Lösung für den Kurzurlaub übers Wochenende bieten Bewässerungs-Spikes.

* Bei den Spikes handelt es sich um kleine Kunststofftrichter mit Gewinde, die Sie auf jede Standard-Getränkeflasche aus Glas oder Kunststoff schrauben können. Für kleinere Gefäße sind die leichten Kunststoffflaschen allerdings besser geeignet, damit nicht alles zusammen umkippt.
* Stecken Sie die Flasche mithilfe der Spikes kopfüber in die Blumenerde. Es empfiehlt sich auszuprobieren, wie viele Flaschen pro Gefäß und angestrebten Zeitraum Sie benötigen.

voir können sich die Pflanzen selbst bedienen – sobald sie richtig eingewurzelt sind, weshalb man sie die ersten zwei bis drei Wochen ganz normal über die Erde wässert und erst danach über den Einfüllstutzen. Perfekt für Einsteiger: Speicherkästen mit Wasserstandsanzeige. Normale Balkonkästen können Sie mit zuschneidbaren Wasserspeichermatten nachrüsten, die Sie auf den Boden des Kastens legen. Bei größeren Gefäßen reduziert eine 3–5 cm dicke dekorative Mulchschicht aus Kies oder Muscheln zusätzlich die Verdunstung.
Oder Sie hängen Ihre grünen Mitbewohner an den Tropf: Platzieren Sie einen mit Wasser gefüllten Eimer neben den Pflanzen und

hängen Sie das Ende eines nassen Stoffstreifen hinein, das andere Ende drücken Sie fingertief in die angefeuchtete Blumenerde. Nach demselben Prinzip, aber zuverlässiger, funktionieren im Handel erhältliche Varianten, bei denen Tonkegel über dünne Schläuche das Wasser aus dem Tank ziehen. Am besten vor dem Urlaub austesten, wie viele Kegel pro Topf und wie viele Liter Wasser pro Tag Sie benötigen. Für umfangreiche Topfsammlungen kann sich eine professionelle Tropfbewässerung lohnen: Sie wird an den Wasserhahn angeschlossen und gibt kontinuierlich oder mithilfe einer Zeitschaltuhr im Intervall die passende Wassermenge an die Pflanzen ab (→ Seite 154).

Play it again, Sam: Was regelmäßig zu tun ist

Es ist zwar nicht so, dass man im Sommer ohne ein bisschen Garteln vor Langeweile vergehen würde. Aber mit der bereits erworbenen Routine erledigen Sie die paar Arbeiten wirklich mit links.

Die meisten Gartenanfänger würden es niemals zugeben, aber starten Sie mal eine Umfrage bei langjährigen Pflanzenfans: Viele sprechen mit ihren grünen Mitbewohnern. Verrückt? Wie man's nimmt, denn diese Exemplare entwickeln sich nachweislich besonders gut. Der einfache Grund: Wer mit seinen Pflanzen spricht, tut das in der Regel nicht aus dem Nebenzimmer, sondern steht

Je zugiger der Balkon, desto sinnvoller sind Stützen für hohe Pflanzen wie diese Glockenblume.

vor ihnen und betrachtet sie. So bekommt man rasch mit, wenn ein Exemplar die Blätter hängen lässt und dringend einen Schluck Gänsewein zur Aufmunterung benötigt. Gießen ist überhaupt die wichtigste Tätigkeit im Frühsommer und Sommer – aber nie auf Blätter und Blüten, sondern möglichst direkt auf die Erde. Während Sie dazu ein paar Blätter hochheben, können Sie auch einen Blick auf die Blattunterseite werfen, wo sich Schädlinge gerne verstecken. Kontrollieren Sie die Pflanze zudem auf Anzeichen von Krankheiten wie Blattflecken oder faule Stellen und entfernen Sie befallene Teile sofort.

Immer in Bestform

Ist die Erde in einem Gefäß verdichtet – erkennbar daran, dass das Wasser nur schwer einzieht – sollten Sie zur Handhacke oder in kleinen Töpfen zu einer Gabel greifen und die Erdoberfläche vorsichtig lockern. Insbesondere bei Hochbeeten und großen Kübeln lohnt sich das auch deshalb, weil auf diese Weise die feinen Gänge unterbrochen werden, die sich das Wasser gegraben hat – und durch die es ebenso gerne wieder verdunstet, was häufigeres Gießen zur Folge hat. Ebenfalls wichtig: Hungrigen Pflanzen rechtzeitig einen Nachschlag Dünger gönnen. Lassen Vielfraße wie der Rittersporn,

Schneiden Sie Ihren Rittersporn nach der Blüte zurück, blüht er mit etwas Glück im Spätsommer erneut.

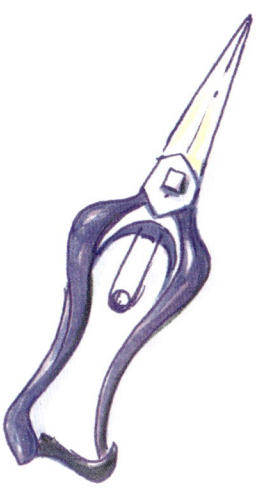

Dauerblüher wie das Zauberglöckchen oder Kübelriesen wie die Engelstrompete auffällig in der Blüte nach und bekommen gelbe Blätter, ist meist schlicht der Langzeitdünger aufgezehrt. Flüssigdünger im Gießwasser schließt die Versorgungslücke. Gerade Stauden sind aber in der Regel sehr genügsam und begnügen sich die ganze Saison lang mit den paar Handvoll Kompost, die sie zum Austrieb im Frühjahr erhalten haben. Viele wachsen sogar so prächtig, dass sie irgendwann umzukippen drohen. Rittersporn und hohe Glockenblumenarten, Lilien und Dahlien, aber auch einige Sommerblumen wie die Sonnenblume sind daher für eine Stütze dankbar. Je nach Topf- und Pflanzengröße tut es ein tief in die Erde gesteckter Bambusstab, an den Sie die Triebe anbinden, oder eine ringförmige Staudenstütze aus Metall, Kunststoff oder Holz. Bringen Sie diese am besten schon Anfang Mai an, dann wachsen die Pflanzen harmonisch hinein.

Ansonsten steht sommerliche Schönheitspflege auf dem Programm: Verblühtes sollten Sie beizeiten entfernen, denn dann bilden sich viele neue Blütenknospen. Einige Pflanzen wie die Geranie haben praktischerweise eine Art Sollbruchstelle: Knickt man ihre Stängel am Ansatz zur Seite, brechen sie genau an der richtigen Stelle. Bei den meisten Pflanzen schneiden Sie die Blüte mit der Schere zusammen mit ein paar darunterliegenden Blättchen etwa 0,5 cm über dem nächsten Blattpaar ab. Aus den Blattachseln wachsen dann die neuen Triebe. Eine radikal neue Frisur bekommen Rittersporn, Glockenblume, Schafgarbe oder auch die dankbare Katzenminze verpasst: Nach der Blüte etwa 15 cm über dem Boden gekappt, blühen sie nach vier bis sechs Wochen Pause ein zweites Mal. In der Woche um den Johannistag am 24. Juni sollten Sie zudem Buchskugeln und andere Formgehölze ein zweites Mal schneiden (→ Seite 54).

Vitamine voraus: Balkongenüsse

Hurra, die erste Gemüseernte steht bevor! Ruck, zuck ist die leckere Beute weggefuttert – da heißt es gut planen, damit der Nachschub nicht ausgeht. Und gießen, was das Zeug hält.

> Kartoffeln sind erntereif, wenn ihr Kraut welkt, Stangen- und Buschbohnen, wenn sie beim Biegen glatt brechen. Kohlrabi sind zarter, je früher man sie erntet.

Rohkost – hat Ihnen dieser Begriff bis vor Kurzem kalte Schauer über den Rücken gejagt? Das Wort mag auch weiterhin ziemlich verstaubt klingen. Aber wer zum ersten Mal in eine frisch geerntete Karotte gebissen oder die Schärfe eines knackigen Radieschens aus eigenem Anbau genossen hat, wird schnell selbst zum Rohkostfan. Und das sogar recht bald, denn beispielsweise Radieschen sind echte Schnellstarter: Bereits sechs Wochen nach der Frühjahrsaussaat Anfang März können Sie die ersten pinkfarbenen Kugeln aus der Erde ziehen – oder auch gelbe, violette oder weiße, mehrfarbige oder zapfenförmige, denn das Sortiment ist groß. Im Sommer verkürzen die kleinen Scharfmacher die Zeit bis zur Ernte sogar auf vier Wochen. Auch Eichblatt-Salate oder die gekrausten Lollo-Züchtungen wandern bereits nach vier bis sechs Wochen vom Kasten auf den Teller. Diese sogenannten Pflück-Salate sind übrigens optimal für Singles: Von ihnen können Sie immer wieder eine Handvoll Blätter ernten; solange Sie das Herz schonen, wächst der Salat weiter. Irgendwann ist er dann allerdings doch verbraucht, wie sich überhaupt nach und nach die ersten Lücken in der Gemüseabteilung von Balkon, Dachgarten oder Hinterhof zeigen. Damit bei diesem Anblick keine Panik aufkommt, lohnt es sich, von Anfang an in mehreren Sätzen zu säen – also lieber erst mal nur die Hälfte des Balkonkastens mit Samen oder Jungpflanzen bestücken und zwei Wochen später die andere Hälfte. Auf diese Weise können Sie sich über eine längere Erntezeit freuen und fühlen sich nicht wie ein Kaninchen, weil das Gemüse schneller wächst, als Sie es wegmümmeln können. Entstandene Lücken lassen sich bis Mitte Juni mit nahezu allem füllen, was das

Schnell wachsendes Gemüse wie Kohlrabi füllt entstandene Lücken.

Herz begehrt, denn angesichts der angenehmen Temperaturen entwickeln sich die Pflänzchen ausgezeichnet – ausreichendes Wässern vorausgesetzt. Denken Sie daran, sehr dicht stehende Keimlinge zu vereinzeln: Auf den Saatgutpackungen ist angegeben, wie viel Abstand die Pflänzchen zueinander haben sollten. Lassen Sie die kräftigsten Exemplare stehen und ziehen Sie die schwächeren dazwischen heraus. Im Juli können Sie ebenfalls aus dem Vollen schöpfen und beispielsweise Möhren, Kohlrabi, Salate oder Bohnen aussäen. Doch auch danach wird jedes Fleckchen freie Erde genutzt.

Späte Lückenfüller

Gerade im Topfgarten gilt dabei: Gemüse muss nicht immer in Reih und Glied wachsen. Wo im Urlaub doch die eine oder andere Sommerblume schlapp gemacht hat, können Sie die freien Stellen ebenso gut mit Kohlrabi-Jungpflanzen füllen und den leer gewordenen Kübel schmückt bis zur Ernte im Herbst ein durchaus attraktiver Wirsing. Kresse, Radieschen und Salate können Sie sogar bis Mitte September aussäen. Tipp: Von vielen Gemüsearten, beispielsweise von Karotten, Salaten, Kohlrabi und Wirsing, gibt es spezielle Sorten für den frühen und den späten Anbau. Es lohnt sich, auf diese Angaben zu achten. Frühe Sorten wachsen oft schon bei niedrigeren Temperaturen gut, späte Sorten hingegen punkten oft mit einer kürzeren Kulturdauer oder sind »schossfest«. Das bedeutet, dass etwa Salat bei höheren Temperaturen nicht vorschnell in die Höhe schießt und Blüten treibt.

Hurra, die Blätter der Kartoffeln welken, die Ernte kann also beginnen!

Noch bis Mitte September haben Sie Zeit, um Salat auszusäen – los geht's.

Paradiesisch: Tomaten

Die kleinen roten Kugeln stehen ganz oben auf der Gemüse-Hitliste. Wobei, was heißt hier klein, rot, kugelförmig? Das ist eine ziemlich unpräzise Beschreibung von *Lycopersicon esculentum* …

Die Bandbreite reicht nämlich von niedlichen Wild- oder Cocktail-Tomaten bis hin zu den riesigen Ochsenherz-Tomaten, bei denen eine einzige Frucht locker ein halbes Kilo wiegen kann. Auch in Sachen Farbe und Form hat man die Qual der Wahl: Sollen die süßen Fruchtgemüse in Gelb, Orange oder klassischem Rot leuchten, sich in überraschendem Grün, Schwarzrot oder mit Streifenmuster präsentieren oder gar einen feinen Flaum besitzen, rund, oval tropfenförmig oder knubbelig gerippt sein? Dabei nehmen gerade Stab-Tomaten verhältnis-

mäßig wenig Platz weg: Um sie zu Höchstleistungen im Ertrag anzuspornen, entfernt man nämlich alle Seitentriebe, die sich in den Blattachseln bilden, so früh wie möglich. Durch dieses sogenannte »Entgeizen« (→ Foto) wächst die Pflanze eintriebig und konzentriert ihre Kraft auf die Blüten- und Fruchtbildung. Tipp: Verteilen Sie die abgeschnittenen Geiztriebe zwischen anderen Gemüsepflanzen, sie halten viele Schädlinge fern, sogar Stechmücken.

Hohe Tomatensorten benötigen für einen stabilen Stand und eine optimale Versorgung große Kübel, 15–30 Liter Fassungsvermögen sollten es schon sein. Bei Busch-Tomaten können Sie sich das Ausgeizen sparen. Sie nehmen in der Breite mehr Raum ein, bleiben aber niedriger. Varianten wie die »Johannisbeertomate« eignen sich für Balkonkästen und Blumenampeln. Im Schnitt erreichen Sie bei Sorten um 1 m Wuchshöhe mit einem 10- bis 15-Liter-Gefäß gute Erträge.

Seitentriebe in den Blattachseln frühzeitig ausbrechen, so bleiben die Wunden klein.

So wird's eine runde Sache

Der fieseste Gegenspieler aller Tomatenfreunde ist die Kraut- und Braunfäule. Diese Pilzkrankheit äußert sich in braunen, schlaff herunterhängenden Blättern sowie braunen Flecken auf Stielen und Früchten und kann der Pflanze innerhalb weniger Tage

den Garaus machen. Da sie sich aber nur bei genügend Feuchtigkeit ausbreiten kann, können Sie ihr leicht vorbeugen: Stellen Sie Ihre Tomaten unter ein bereits vorhandenes Dach oder einen selbst gebastelten Unterstand – nicht zu eng, damit sich im Blätterwald keine Feuchtigkeit fängt – und achten Sie darauf, die Pflanzen auch beim Gießen nicht zu benetzen. Im Handel erhältliche Tomatenhauben sind nur bedingt geeignet, da sich darunter oft Schwitzwasser bildet. Wer seine Pflanzen nicht unterstellen kann, wählt zumindest unempfindliche Sorten, beispielsweise die Cocktail-Tomate 'Philovita' oder die Stab-Tomate 'Phantasia'. Generell werden Tomaten zwischen Mitte März und Mitte April auf der Fensterbank 0,5 cm tief ausgesät und nach drei bis vier Wochen in größere Töpfchen pikiert (→ Seite 34). Nach den Eisheiligen kommen sie ins Freie in die endgültigen Gefäße. Setzen Sie sie so tief, dass der Wurzelballen etwa 5 cm hoch mit Erde bedeckt ist – am Stängel bilden sich dann zusätzliche stabilisierende Wurzeln. Ein sonniger Platz ist ein Muss, damit Sie ab Juli (je nach Sorte) die ersten Früchte ernten können. Sorten ab 50 cm Wuchshöhe benötigen eine Stütze. Lassen Sie die Erde niemals ganz austrocknen, sonst platzen die Früchte auf. Zweimal wöchentlich sollten Sie Ihren Tomaten Flüssigdünger ins Gießwasser geben, damit sie genug Power für die Fruchtbildung haben. Dafür ebenfalls hilfreich: Schütteln Sie Ihre Tomaten täglich leicht – am besten zur Mittagszeit. Bilden sich dennoch zwar reichlich Blüten, aber keine Früchte, hilft es, die Blüten leicht zu drücken.

Die Tomaten-Vielfalt lädt zum Experimentieren mit den Sorten ein – tauschen Sie Jungpflanzen mit Freunden!

Gut sortiert: Tomaten-Sorten

Aus der unendlich großen Auswahl haben wir beispielhaft acht ebenso unterschiedliche wie schmackhafte Sorten herausgefischt. Testen Sie nach Herzenslust und tauschen Sie Samen mit Freunden aus!

'Gelbe Johannisbeere'
Zahlreiche 1,5 cm kleine, sehr süße und aromatische Früchte an langen Rispen. Nicht ausgeizen. Wächst breit verzweigt. Sehr genügsam und robust. Gut für Ampeln.

'Green Zebra'
Grün mit gelben bis orangen Streifen. Zweitriebig oder buschig (ohne Ausgeizen) ziehen. Bis 2 m hoch. Reife Früchte lösen sich durch Drehen, ca. 120 g schwer.

'White Wonder'
Cremeweiß bis gelb und flachrund. Ausgeizen und als 1,5–2 m hohe Stabtomate ziehen. Die großen, 200–400 g schweren Früchte reifen spät ab Mitte August.

'Matina'
Eine der frühesten und robustesten Stabtomaten fürs Freiland. 1,5–2,5 m hoch mit bis zu 150 g schweren roten Früchten ab Anfang Juli. Süßlich-fruchtig.

'Auriga'
Diese Stabtomate trägt ab Mitte Juli orangefarbene, 50–100 g schwere Früchte. 1,5–2,5 m hoch, wenig Geiztriebe. Angenehme Säure, schmeckt früh geerntet am besten.

'Roter Pfirsich'
Rosafarbene bis rote, mit zartem Flaum überzogene, süß-fruchtige Früchte. Gewicht: 50–100 g. Höhe: 1,2–1,8 m. Viele Geiztriebe, daher etwas arbeitsintensiver.

'Black Cherry'
Geschmacklich eine herausragende Cocktailtomate mit 15–30 g schweren Früchten. An geschützten Plätzen sehr ertragreich. Ernte ab Ende Juli. Bis 2,5 m hoch.

'Andenhorn'
Stabtomate mit fruchtigen, 8–15 cm langen Früchten, die optisch einer Spitzpaprika ähneln. Wenig Geiztriebe. Robust und reichtragend. Ernte ab Mitte August.

Best of Gemüse – die gelingen immer

Möhre

Daucus carota ssp. *sativus*

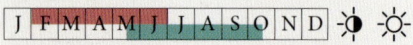
J F M A M J J A S O N D ◑ ☀

Saattiefe: 3 cm | Pflanzabstand: 4 × 15 cm

Pflege: Nach der Direktsaat gleichmäßig feucht halten, aber Staunässe vermeiden. Bei zu engem Abstand einige Sämlinge herausziehen. Bei früher Aussaat mit Folie abdecken. Mehrmals im Abstand von ein paar Wochen aussäen.

Sorten: 'Bolero F1' bringt hohe Erträge bei gutem Geschmack. 'Nantaise 2/Fanal' ist samenfest und lange lagerfähig, 'Purple Haze' (F1-Hybride) dunkelviolett.

Extra-Tipp: Eine Vliesabdeckung im Spätherbst verlängert die Erntezeit.

Radieschen

Raphanus sativus

J F M A M J J A S O N D ◑ ☀

Saattiefe: 1 cm | Pflanzabstand: 5 × 10 cm

Pflege: Säen Sie mehrere Sätze im Abstand von ein paar Wochen. Mit regelmäßiger Wasserversorgung werden die Radieschen zart und nicht zu scharf. Beim Verzehr mildert Salz die Schärfe. Mit der Zeit schieben sich die Knollen ein Stück aus der Erde heraus. So sehen Sie, wann sie groß genug zum Ernten sind.

Sorten: '18 Jours' ist eine längliche rotweiße Sorte und samenfest. 'Raxe' ist ein klassisch rundes Radieschen.

Extra-Tipp: Frische Radieschenblätter sind super für Suppen und Pesto.

Salat

Lactuca sativa

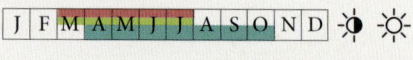
J F M A M J J A S O N D ◑ ☀

Saattiefe: 1 cm | Pflanzabstand: 25 × 25 cm

Pflege: Vorkultur ab März möglich. Auf gleichmäßige Wasserversorgung achten. Düngen ist nicht notwendig. Kopfsalat wird im Ganzen geerntet. Bei Pflück- oder Schnittsalat kann man einzelne Blätter ernten: Solange das Herz unversehrt bleibt, wächst der Salat weiter.

Sorten: 'Wunder von Stuttgart' ist ein guter samenechter Kopfsalat, 'Lollo Rossa Solmar' ein gesunder Pflücksalat.

Extra-Tipp: Bevorzugen Sie »schossfeste« Sorten, sie blühen nicht so früh.

■ = Vorkultur ■ = Aussaat ■ = Pflanzzeit ■ = Ernte ☀ Sonne ◑ Halbschatten

Rauke / Rucola
Eruca sativa, Diplotaxis tenuifolia

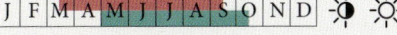

Saattiefe: 1 cm | Pflanzabstand: 5 × 20 cm

Pflege: Erde nicht austrocknen lassen. Nach 4–6 Wochen ist die Rauke erntereif. Wenn Sie stets nur die äußeren Blätter pflücken, können Sie wochenlang ernten. Ein schützendes Vlies in Frostnächten verlängert die Ernte im Herbst.

Sorten: Wer es gerne schärfer mag, wählt statt der Saat-Ölrauke (*Eruca sativa*) den Schmalblättrigen Doppelsamen (*Diplotaxis tenuifolia*), der auch im Halbschatten gut gedeiht. Die jungen Blätter sind milder als die größeren.

Extra-Tipp: Rucola können Sie ganzjährig auf der Fensterbank ziehen.

Bohne
Phaseolus vulgaris

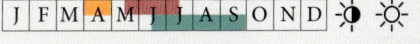

Saattiefe: 3 cm | Pflanzabstand: 50 × 100 cm

Pflege: Häufeln Sie Erde zeltförmig um den Fuß der Jungpflanzen an, damit dort zusätzliche Wurzeln gebildet werden. Das erhöht die Standfestigkeit. Stangenbohnen brauchen volle Sonne, Buschbohnen (*P. vulgaris* var. *nanus*) gedeihen auch noch im Halbschatten.

Sorten: Die Buschbohne 'Flevoro' ist fadenfrei und resistent gegen typische Bohnenkrankheiten, genau wie die hellgelbe Stangenbohne 'Neckargold'.

Extra-Tipp: Pflanzen Sie Bohnenkraut in die unmittelbare Nachbarschaft, es schreckt Bohnenläuse ab.

Kohlrabi
Brassica oleracea var. gongylodes

Saattiefe: 1 cm | Pflanzabstand: 30 × 40 cm

Pflege: Nicht zu tief pflanzen, die Knolle darf nicht auf der Erde aufliegen. Zwei Wochen nach dem Pflanzen mit Kompost versorgen. Achten Sie auf eine gleichmäßige Wasserversorgung, sonst wird das Fruchtfleisch holzig.

Sorten: Die samenechte weiße Sorte 'Superschmelz' bildet sehr große Knollen, ohne dabei holzig zu werden. Die blaue 'Blaro' ist ebenfalls eine samenechte Sorte (→ Seite 30) und sehr robust.

Extra-Tipp: Blauschalige Sorten sind etwas zarter als die weißen, brauchen aber etwas länger, bis sie reif sind.

Schritt für Schritt: Wurmkomposter

Aus Küchenabfällen wertvollen Kompost zaubern – eine Kompanie hilfsbereiter Regenwürmer macht's möglich, sogar auf dem Balkon. Das geht selbst gebaut oder mit einem fertigen Bausatz.

DAS SOLLTE BEREITSTEHEN:

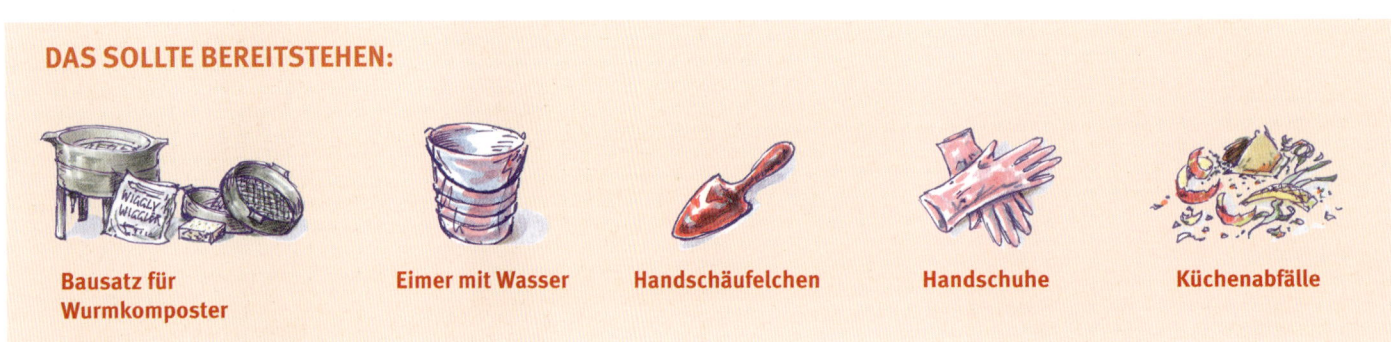

| **Bausatz für Wurmkomposter** | **Eimer mit Wasser** | **Handschäufelchen** | **Handschuhe** | **Küchenabfälle** |

① Als Erstes baue ich den Sammelbehälter auf. In diese Schale tropft aus den oberen Etagen ein prima Flüssigdünger für meine Balkonpflanzen. Über den Auslasshahn kann ich ihn entnehmen und im Verhältnis 1:10 mit Wasser vermischen.

Tag für Tag die Hälfte des eigenen Gewichts futtern – für Regenwürmer ein Kinderspiel. Am liebsten mögen sie pflanzliche Abfälle, Teebeutel, Kaffeesatz und Eierschalen. Im Gegensatz zum normalen Komposter dürfen Sie hier gekochte Essensreste und in geringen Mengen Fleischabfälle untermischen. Dafür sollten Zitrusfrüchte, Zwiebeln und Milchprodukte draußen bleiben sowie Rasenschnitt und Laub – bei deren Zersetzung würde zu viel Hitze frei und es gäbe gekochten Wurm. Unangenehme Gerüche entstehen bei richtiger Handhabung nicht.

Optimal steht der Komposter an einem absonnigen, vor dem schlimmsten Regen geschützten Platz, etwa unter einem Dachvorsprung. Im Winter sollten Sie ihn vorsichtshalber mit Kokosmatten einpacken oder ihn frostfrei platzieren, zum Beispiel im Keller. Praktische Bausätze gibt's im Fachhandel oder im Internet (→ Seite 154).

Den Substratblock lasse ich wie in der Anleitung beschrieben im Wasser quellen.

2

Dann setze ich die erste Schale auf den Sammelbehälter und lege die mitgelieferte Kartonscheibe auf den Boden.

3

Dann gebe ich das gequollene Substrat hinein und anschließend die Würmer. Sobald sich die Würmer eingegraben haben, fülle ich Küchenabfälle ein. Danach immer die luftdurchlässige Abdeckmatte und den Deckel auflegen.

4

5

Ist der erste Behälter randvoll, befülle ich den zweiten. Die Würmer wandern zum frischen Futter nach oben. Nach etwa sechs Monaten kann ich den fertigen Kompost aus dem untersten Behälter entnehmen.

Für Feinschmecker: Kräuter

Thymian, Schnittlauch und Basilikum sind echte Kumpels: dufte, unkompliziert und immer da, wenn man sie braucht. Wer auf ihre Gesellschaft verzichtet, ist selber schuld …

Lecker, hübsch und ein Bienenmagnet ist der einjährige Borretsch. Die Blätter schmecken nach Gurke, die Blüten zieren Salate und Desserts.

Mediterrane Kräuter sind perfekt auf heiße Sommer eingestellt: Thymian, Rosmarin, Salbei und Lavendel, Currykraut (*Helichrysum italicum*), Bergbohnenkraut (*Satureja montana*) und Oregano (*Origanum*) sind ausgesprochen genügsam, was Wasser und Nährstoffe angeht. Außer einer Handvoll Kompost im Frühjahr brauchen diese Asketen keinen Dünger, und gießen sollten Sie immer erst, wenn die Erde auch in 1–2 cm Tiefe komplett abgetrocknet ist – fühlen Sie mit dem Finger nach. Beim Einpflanzen und Umtopfen empfiehlt sich spezielle Kräutererde,

da normale Blumenerde zu nährstoffhaltig ist. Immer gut: zwei, drei Handvoll Sand als Drainage im Pflanzloch, denn Staunässe mögen diese Sonnenanbeter überhaupt nicht. Optimalerweise stehen sie vor dem gröbsten Regen geschützt. Und da sie aus südlichen Gefilden stammen, bekommen sie im Winter besonders sorgfältig ein warmes Mäntelchen verpasst (→ Seite 132).

Anspruchslos

Wesentlich durstiger als ihre mediterranen Kollegen sind Schnittlauch, Dill, Basilikum und Liebstöckel (*Levisticum officinale*). Wer die Erde stets leicht feucht hält (besonders beim Basilikum!), wird mit einer reichen Ernte belohnt – auch im Halbschatten. Melisse, Petersilie und zahlreiche Minzesorten gedeihen sogar im Schatten. Für alle Kräuter mit saftigen, frischgrünen Blättern gilt: Mit Ausnahme der Aussaat, für die Sie besser Aussaat- oder Kräutererde verwenden, ist humusreiche Bio-Erde perfekt. Zeigen die Pflanzen im Laufe des Sommers gelbe Blättchen, hilft etwas Kompost oder eine Gabe Flüssigdünger. Tipp: Setzen Sie dem Gießwasser nur die Hälfte der angegebenen Dosis zu und beobachten Sie, ob sich die Vitalität verbessert. Andernfalls nach zwei Wochen noch einmal düngen.

In einer Kiste arrangiert, entsteht im Nu ein attraktiver mobiler Kräutergarten.

Schnell gemacht

- -

KRÄUTER VERMEHREN:

1. Stecklinge schneiden

Viele mediterrane Kräuter wie Rosmarin, Lavendel oder Thymian lassen sich ganz einfach über Stecklinge vermehren. Schneiden Sie dazu einen 8–10 cm langen Trieb ab und streifen Sie im unteren Drittel die Blättchen ab.

2. Gut geerdet

Nun füllen Sie eine Schale mit Aussaat- oder Kräutererde. Stecken Sie die Triebe mit dem entblätterten Teil hinein und drücken Sie die Erde um sie herum vorsichtig an.

3. Prost!

Zum Abschluss gibt's einen Schluck Gänsewein. Ausnahmsweise sollte die Erde in den kommenden Wochen nicht austrocknen, damit sich Wurzeln bilden. Ist das geschehen, beginnen die Pflanzen auch schon zu wachsen und dürfen in größere Töpfe umziehen.

Forever young: Kräuter haltbar machen

Nach dem Frühjahrsschnitt haben Sie viel mehr Rosmarin, als Sie aktuell in der Küche brauchen?
Umso besser, dann können Sie sich gleich einen kleinen Vorrat anlegen.

Auch bei der Konservierung unterscheiden sich die mediterranen Kräuter deutlich von ihren frischgrünen Kollegen wie der Petersilie. Rosmarin, Thymian, Lavendel und Co. lassen sich am besten konservieren, indem man sie trocknet. Dazu hängen Sie kleine Bündel von Kräutern an einem trockenen, luftigen Platz kopfüber auf – am besten im Halbschatten. Sind sie so trocken, dass sie rascheln, zerkleinert man sie grob und füllt sie in verschraubbare Gläser.

Häufiges Ernten tut Basilikum gut: Schneiden Sie über einer Blattachsel, verzweigt sich die Pflanze dort.

Coole Küchenhelfer

Petersilie, Schnittlauch, Basilikum und andere Kräuter, die sehr wasserhaltig sind und entsprechend saftig aussehen, büßen beim Trocknen einen Großteil ihres intensiven Aromas ein. Für sie ist das Gefrierfach der richtige Platz. Sie können die Kräuter entweder hacken und in Gefrierbeutel füllen oder sie in kleinen Portionen in Eiswürfelbehältern mit etwas Wasser einfrieren. So lassen sich auch nette Hingucker für die nächste Party herstellen: Eiswürfel mit essbaren Blüten, beispielsweise von Borretsch, Veilchen oder Gänseblümchen, kühlen Cocktails und Limonade auf besonders hübsche Weise. Toll für den Eigengebrauch, aber auch ein schönes Geschenk sind selbst gemachte Kräuterspezialitäten wie Lavendelzucker und Kräutersalz oder Gewürzöl und -essig.
Übrigens: Für die Ernte, egal welcher Kräuter, ist ein warmer, trockener Tag optimal. Greifen Sie gegen zehn Uhr vormittags zur Schere oder aber am späten Nachmittag, dann ist der Gehalt an ätherischen Ölen am höchsten und der Geschmack besonders intensiv.

1

2

3

Schnell gemacht

KRÄUTER KONSERVIEREN:

1. Dufte Sträuße
Damit die Bündel rasch und ohne zu schimmeln durchtrocknen, binden Sie jeweils nur eine kleine Handvoll Stängel zusammen. Sowohl die Farben als auch die Inhaltsstoffe bleiben an einem warmen und luftigen, aber dunklen Platz am besten erhalten.

2. Glamouröser Zucker
Für 150 g Zucker benötigen Sie einen Esslöffel ungespritzte Lavendelblüten. Abgezupfte Blüten und Zucker in einem Schraubglas mischen und zwei Wochen ziehen lassen. Dass sich kleine Klümpchen bilden, ist normal. Sparsam verwenden, das Aroma ist wunderbar intensiv!

3. Grüne Eiswürfel
Perfekt portionierbar werden Kräuter, wenn Sie sie waschen, fein hacken und im Eiswürfelbehälter mit etwas Wasser einfrieren.

Best of Kräuter – die gelingen immer

Rosmarin
Rosmarinus officinalis

| J | F | M | A | M | J | J | A | S | O | N | D | ☼ |

Pflanzabstand: 30 × 50 cm

Pflege: Der Halbstrauch liebt durchlässigen, nicht zu nährstoffhaltigen Boden. Spezielle Kräutererde verwenden und den Wasserabzug mit zwei, drei Handvoll Sand im Pflanzloch verbessern. Regelmäßiger Rückschnitt sorgt für kompakten Wuchs. Rosmarin ist leicht über Stecklinge vermehrbar (→ Seite 101).
Sorten: 'Salem' wird bis zu 80 cm hoch und ist besonders winterhart.
Extra-Tipp: Treibt zuverlässig wieder aus, solange man nicht bis in den harten verholzten Bereich schneidet.

Salbei
Salvia officinalis

| J | F | M | A | M | J | J | A | S | O | N | D | ☼ |

Pflanzabstand: 30 × 30 cm

Pflege: Salbei ist mehrjährig und wird meist als Pflanze gekauft. Sie können ihn aber auch im März / April auf der Fensterbank vorziehen (Saattiefe: 1,5 cm) und im Mai / Juni ins Freiland setzen. Vermehrung über Stecklinge im Sommer.
Sorten: Von besonders hohem Zierwert ist 'Tricolor' (40 cm hoch) mit ihren grün-weißen, teils purpurrot überhauchten Blättern sowie die gelbgrüne Sorte 'Icterina' (50 cm hoch).
Extra-Tipp: Versamt sich von selbst, wenn man Verblühtes nicht entfernt.

Thymian
Thymus vulgaris

| J | F | M | A | M | J | J | A | S | O | N | D | ☼ |

Pflanzabstand: 20 × 20 cm

Pflege: Leichter, magerer Boden ist optimal. Kräutererde verwenden oder Blumenerde mit viel Sand verbessern. Über Stecklinge vermehrbar.
Sorten: Neben der kompakt-aufrecht wachsenden 'Compactus' (15 cm hoch) gibt es sehr schöne Zitronen-Thymiane (*Thymus × citriodorus*) wie die weiß-grüne Sorte 'Silver Queen' (15 cm) oder die goldgrüne 'Aureus' (20 cm).
Extra-Tipp: Wie bei Rosmarin und Salbei ist das Aroma von Thymian kurz vor der Blütezeit am intensivsten.

■ = Aussaat   ■ = Pflanzzeit   ☼ Sonne   ◐ Halbschatten   ● Schatten

Schnittlauch
Allium schoenoprasum

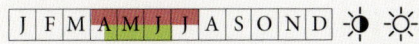

Saattiefe: 1 cm | Pflanzabstand: 25 × 25 cm

Pflege: In Horsten à 25 Samen säen. Regelmäßig gießen, im Frühjahr mit Kompost düngen. Verträgt es gut, wenn man ihn häufig schneidet – zwei Fingerbreit über dem Boden. Alle drei Jahre teilen.
Sorten: 'Sterile' bildet keine Samen, daher bleiben die Blüten länger zart und sind eine attraktive Zugabe zum Salat.
Extra-Tipp: Im Spätherbst einen kleinen Ballen ausgraben und in einen Topf setzen. Nach dem ersten Frost ins Haus geholt, treibt er wieder aus.

Basilikum
Ocimum basilicum

Saattiefe: 0 cm | Pflanzabstand: 25 × 25 cm

Pflege: Samen nur andrücken. Blütenansätze regelmäßig ausknipsen. Häufiges Schneiden ab einer Höhe von 15 cm regt die Verzweigung an. Dafür setzt man die Schere knapp oberhalb eines Blattpaares an. Je sonniger der Standort ist, desto intensiver wird das Aroma.
Sorten: 'Genoveser' ist ein samenfester Klassiker. Thai-Basilikum 'Siam Queen' passt gut zu asiatischen Gerichten.
Extra-Tipp: Das rot-grüne Strauch-Basilikum 'African Blue' schmeckt zwar weniger fein, kann aber bei 15 °C an einem hellen Platz überwintert werden.

Petersilie
Petroselinum crispum

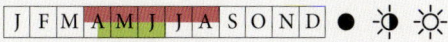

Saattiefe: 0,5 cm | Pflanzabstand: 0 × 15 cm

Pflege: Bis Petersiliensamen keimen, vergehen bis zu vier Wochen, also nicht vorzeitig aufgeben! Die Blätter können fortlaufend geerntet werden, die Herzblätter in der Mitte sollten für den Neuaustrieb stehen bleiben.
Sorten: 'Mooskrause 2' ist eine samenfeste Sorte, genau wie die glatte 'Gigante d'Italia'. Glatte Petersilie hat eine würzige Sellerie-Note.
Extra-Tipp: Für die Winterernte vor dem ersten Frost einen Ballen ausgraben, eintopfen und auf die Fensterbank stellen.

Gut sortiert: Ungewöhnliche Kräuter

Warum sich auf Petersilie und Schnittlauch beschränken, wenn es so viele leckere Kräuter zu entdecken gibt. Hier kommen acht spannende Arten, die zum Experimentieren einladen.

Lakritz-Tagetes
Tagetes filifolia

In Sonne und Halbschatten 30–40 cm hoch, im Schatten bleibt sie kleiner. Regelmäßig schneiden für buschigen Wuchs. Nicht winterhart.

Bärlauch
Allium ursinum

Tolles Knoblaucharoma. Nie alle Blätter ernten. Zieht nach der Blüte ein, daher mit anderen Pflanzen kombinieren. Halbschatten bis Schatten.

Erdbeer-Minze
Mentha spec.

Schmeckt wirklich intensiv nach Erdbeeren. Toll für Süßspeisen und Tees. Sonnig bis halbschattig stellen. Für kompakten Wuchs häufig schneiden.

Süßkraut
Stevia rebaudiana

Die Blätter sind viel süßer als Zucker. Sonne bis Halbschatten. Nicht austrocknen lassen. Häufig schneiden. Hell und frostfrei überwintern.

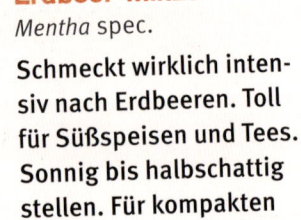

Zitronengras
Cymbopogon citratus

Für viele asiatische und indische Gerichte unerlässlich. Bildet attraktive Horste. Warm und hell überwintern. Wird im Topf 60–90 cm hoch.

Ananas-Salbei
Salvia rutilans

Für Süßspeisen und Tees. Rote Blüten. Nach der Blüte um die Hälfte kürzen. Hell und warm, aber nicht sonnig stellen. Frostfrei überwintern.

Pfeffer-Basilikum
Ocimum tenuiflorum

Mehrjähriges Basilikum mit spannender Pfeffernote. Sonnig stellen, warm überwintern. Häufig schneiden tut ihm gut. Höhe: 40–50 cm.

Apfel-Geranie
Pelargonium odoratissimum

Duftet nach Apfel. Kleine weiße Blüten von Mai bis September. Sonne bis Halbschatten. Kühl und hell überwintern.

Wellnesstempel für Frischluftfans

Im Gesicht kitzeln die Sonnenstrahlen, an den Beinen die Halme des Lampenputzergrases und in der Nase Wohlgerüche aus Tausendundeiner Nacht: Topfgärtnern bedeutet Genießen mit allen Sinnen.

Zahlreiche Duftpflanzen finden auf Anhieb das, wonach der oder die Liebste schon seit Jahren sucht: den Gute-Laune-Knopf in unseren Köpfen. Düfte fackeln nämlich nicht lange, sie wirken direkt auf das limbische System im Gehirn – und das ist für Emotionen zuständig. So genügt bei manchen Menschen schon ein Hauch von Vanille, um emotional in die Kindheit und zum heiß geliebten Pudding der Großmutter zurückzureisen, während sich andere durch das

würzige Aroma von Rosmarin und Thymian gedanklich im Italienurlaub wiederfinden. Dieses Potenzial sollten Sie nutzen und sich gezielt mit Ihren Lieblingsdüften umgeben – zumal ätherische Öle auch ganz unabhängig von schönen Erinnerungen funktionieren: Wer nach einem stressigen Arbeitstag Entspannung sucht, gleitet mit Rosenduft und Lavendel sanft in den Feierabend. Zitrusnoten hingegen wirken belebend, und Jasmin (*Jasminum officinale*) und Muskateller-Salbei (*Salvia sclarea*) bringen nicht nur den Kreislauf in Schwung – ihnen wird auch eine aphrodisierende Wirkung nachgesagt ...

Zum rundum Wohlfühlen

Prinzipiell heißt es bei der Gestaltung mit Duftpflanzen: immer der Nase nach. Gerade bei kleinen Balkonen ist es allerdings empfehlenswert, sich auf eine Duftrichtung zu beschränken. Wo mehr Platz ist, können Sie verschiedene Duftecken einrichten – beispielsweise eine für frische Aromen wie von Bergamotte (*Citrus bergamia*), Mexikanischer Orangenblume (*Choisya ternata*) oder Zylinderputzer (*Callistemon*), eine für würzige Noten wie von Nelken (*Dianthus*), Gewürz-Tagetes (*Tagetes tenuifolia*) und Duft-Pelargonien (*Pelargonium fragrans*) und eine, in der schwere Parfums überwiegen. Letztere

Frischer Zitrus- und intensiver Lavendelduft laden zum Schnuppern und Entspannen ein.

Einmal über den Thymian gestreichelt, schon ist das Mittelmeer nicht mehr so fern.

Basilikum wirkt stimmungsaufhellend – gegessen, als Tee und im Badewasser.

Info

Für Tee, Cocktails und Limonaden sollten Zitronenmelisse und verschiedene Minzen im Topfgarten nicht fehlen. Sie sind absolut pflegeleicht.

sind ein Tipp für Spätheimkehrer, denn Nachtviole (*Hesperis matronalis*), Nachtjasmin (*Cestrum nocturnum*) und Frangipani (*Plumeria*) verströmen ihren intensiven Duft erst nach Einbruch der Dämmerung.
Der Topfgarten bietet aber noch viel mehr als eine individuelle Aromatherapie: Mit Heil- und Würzkräutern wird der persönliche Spa-Bereich um eine genussvolle Komponente reicher. Neben bekannten Gesichtern wie Lavendel, Kamille oder Salbei laden beispielsweise Schafgarbe, Ringelblume, Malven oder die zauberhaften Veilchen dazu ein, althergebrachte Rezepte aus der Naturkosmetik zu erproben – etwa Entspannungsbäder, Haarspülungen, Handbäder und

-salben, Tonika und Gesichtsmasken. Tipp: Pflegeleicht im doppelten Sinne ist die *Aloe vera*. Pralle Sonne macht ihr nichts aus, aber wer zu lange in der Sonne gelegen hat, weiß ihren kühlenden gelartigen Saft zu schätzen. Einfach eines der ältesten Blätter abschneiden (oder einen Teil davon), mit der Schnittfläche über die Haut streichen und den Rest im Kühlschrank aufbewahren.
Nicht zuletzt gehen Gesundheit und Wohlbefinden auch durch den Magen: Basilikum und Minze, Gojibeere (→ Seite 117) und Aronia (Apfelbeere), Jiaogulan (»Kraut der Unsterblichkeit«, *Gynostemma pentaphyllum*), Süßkraut (→ Seite 106) und viele mehr sind einen Anbauversuch wert.

Schritt für Schritt: Kletterrose pflanzen

Die Rose ist die Königin der Blumen und des Blütendufts. Wer solch hohen Besuch im Topfgarten erwartet, sollte vorbereitet sein, um nicht versehentlich Majestätsbeleidigung zu begehen.

DAS BRAUCHT, WER HOCH HINAUSWILL:

Pflanzgefäß **Eimer** **Blumenerde** **Gießkanne** **Gartenschnur** **Rankgerüst**

> Als Erstes befestige ich das Rankgerüst an der Wand. Damit es keinen Ärger gibt, habe ich vorher den Vermieter um Erlaubnis gefragt. Es gibt aber auch Pflanzkästen mit integriertem Rankgitter - so was lässt sich auch leicht selbst basteln.

①

Optimal ist eine Rose mit ADR-Prädikat. Die Abkürzung steht für Allgemeine Deutsche Rosenneuheitenprüfung und besagt, dass sich die derart geadelte Dame drei Jahre lang an elf verschiedenen Standorten ohne Pflanzenschutzmitteleinsatz bewährt hat. In jedem Fall Pflicht: Ein mindestens 40 cm tiefes Pflanzgefäß mit Wasserabzugslöchern und Drainageschicht. Welke Rosenblüten entfernen Sie über dem ersten oder zweiten voll entwickelten fünfblättrigen Laubblatt. Schneiden Sie leicht schräg, und zwar 0,5–1 cm über einem nach außen zeigenden Auge. Das sind die Verdickungen am Trieb, aus denen sich später ein Seitentrieb bildet. Der Frühjahrsschnitt – zur Zeit der Forsythienblüte – ist bei Hochstammrosen einfach: Ihre Triebe stutzt man rundum auf 20 cm. Kletterrosen behalten ihre langen Haupttriebe, dafür kürzen Sie die Seitentriebe auf drei bis fünf Knospen.

Vor dem Pflanzen darf sich meine Rose so lange im Wassereimer aufhalten, bis keine Luftblasen mehr aus dem Wurzelballen nach oben steigen. Der Topf bleibt solange noch dran.

Den Kübel habe ich mit einer Drainageschicht versehen und so viel Erde eingefüllt, dass später oberhalb des Wurzelballens noch ein Gießrand bleibt. Jetzt entferne ich den Topf und setze die Rose ein, und zwar leicht schräg in Richtung Rankhilfe.

Nachdem ich das Pflanzgefäß mit Erde aufgefüllt habe, bekommt die neue Topfbewohnerin noch mal einen ordentlichen Schluck Wasser.

Zuletzt binde ich die Haupttriebe am Rankgitter fest. Dazu kann man zum Beispiel Juteschnur, Bast oder gummierten Bindedraht verwenden. Das Anbinden wiederhole ich, sobald die Triebe so gewachsen sind, dass sie sonst herunterkippen würden.

Beerenstarke Zeiten

Ob süße Erdbeeren oder aromatische Heidelbeeren, diesen frechen Früchtchen kann niemand widerstehen – erst recht nicht, wenn sie einem auf dem Balkon quasi in den Mund wachsen …

Aus Beeren können Sie ungezählte Köstlichkeiten zaubern: Die Früchte lassen sich leicht einfrieren oder einkochen und sind als Saft, Gelee und Kompott wie auch auf Torten, in der Quarkspeise oder als Rumtopf ein echter Genuss. Theoretisch. Praktisch schaffen es die wenigsten über die Schwelle der Balkontür – sie sind einfach zu schnell vernascht. Für gute Erträge unabdingbar sind komfortable Pflanzgefäße – je größer, desto besser – und ein sonniges Plätzchen. Viele Arten vertragen auch Halbschatten, blühen und fruchten dann aber schwächer. Auf Südbalkonen ist eine gleichmäßige Wasserversorgung besonders wichtig, sonst schwächeln die Pflanzen und Spinnmilben und andere Fieslinge haben leichtes Spiel!

Und cut!

Praktisch für Balkone sind platzsparende Varianten wie Hochstämmchen oder Säulenformen. Brom- und Himbeeren benötigen Rankhilfen und tendenziell am meisten Raum, eignen sich dafür aber auch als »Sichtschutz zum Anbeißen«. Bei Himbeeren haben Sie die Wahl zwischen sommer- und herbsttragenden Sorten. Sommer-Himbeeren fruchten an den Trieben, die im Vorjahr neu gewachsen sind. Schneiden Sie nach der Ernte nur die abgetragenen, dürr werdenden Ruten bodennah ab. Die neu gewachsenen Ruten binden Sie fest und kürzen sie im Frühjahr auf die gewünschte Höhe. Anfängerfreundlich sind Herbst-Himbeeren: Nach der Ernte kappen Sie einfach alle Ruten 5 cm über dem Boden. Übrigens: Kein Beerenobst, aber leicht zu ziehen, ist der Rhabarber. Im 50-Liter-Gefäß kann man im zweiten Standjahr von April bis zum Johannistag am 24. Juni ernten – danach ist der Oxalsäuregehalt zu hoch. Super vor allem im Hof, wo andere Kübel in den Vordergrund rücken, wenn die Pflanze ab Spätsommer einzieht.

Rankende Himbeeren als Sichtschutz spenden Schatten und leckere Früchte.

Schnell gemacht

ERDBEERABLEGER TOPFEN:

1. Ausläufer auswählen

In Sachen Coolness macht den Erdbeeren so schnell keiner was vor: Wo andere Beeren es bodenständig lieben, hängen sie schon mal betont lässig in der Blumenampel oder im Balkonkasten ab. Sie rocken daher jede Party, selbst auf dem Mini-Balkon. Besonders praktisch: Erdbeeren bilden Ausläufer, das sind Ranken, an denen bereits fertige kleine Jungpflanzen sitzen. Weil sie die Pflanze Energie kosten, entfernt man sie normalerweise, aber zum Vermehren eignen sie sich prima. Wählen Sie einige kräftige Ausläufer von einer Mutterpflanze, die nur so vor Beeren strotzt.

2. Startposition einnehmen

Die Mini-Pflanzen fixieren Sie mit einer Haarnadel oder einem gebogenen Draht in Töpfen mit Blumenerde. Die Erde darf in den kommenden Wochen nicht austrocknen, damit die Ableger Wurzeln treiben. Sobald neue Blätter sprießen, kappen Sie den Trieb zur Mutterpflanze. Die Minis sind ein super Mitbringsel – zum Beispiel zusammen mit einem Glas selbst gemachter Erdbeerkonfitüre. Übrig gebliebene Beeren können Sie auch einfrieren. Damit die Früchte ihre Form wahren, setzt man sie mit Abstand auf einem Küchenbrett ins Gefrierfach und füllt sie erst nach dem Vorfrosten platzsparend in Behälter. So haben Sie immer Beeren auf Vorrat, etwa für eine leckere Knuspertorte. Dazu 250 g weiße Schokolade schmelzen, mit 100 g ungezuckerten Cornflakes mischen und die Masse in eine Springform drücken. Dann 250 ml Sahne steif schlagen, auf den Cornflakesboden streichen und mit 600 g Erdbeeren bestücken. Guten Appetit!

Best of Beeren – die gelingen immer

Himbeere
Rubus idaeus

J F M A M J J A S O N D ☽ ☀

Pflanzgefäß: min. 60 Liter

Pflege: Schneiden Sie die Ruten nach dem Pflanzen auf 30 cm zurück, um die Rutenbildung im Folgejahr zu fördern. Ende März 2 Liter Kompost und 100 g Hornmehl in den Boden einarbeiten. Jährlich schneiden (→ Seite 112).
Sorten: 'Autumn Bliss' ist eine sehr gute Herbst-Himbeere. Die sommertragende Sorte 'Rubaca' punktet mit einer ausgezeichneten Gesundheit.
Extra-Tipp: Tayberrys ('Buckingham Tayberry') sind robuste Kreuzungen zwischen Him- und Brombeere.

Brombeere
Rubus fruticosus

J F M A M J J A S O N D ☽ ☀

Pflanzgefäß: min. 60 Liter

Pflege: Ende März mit 2 Litern Kompost und 100 g Hornmehl versorgen.
Sorten: 'Loch Ness' und 'Navaho' sind reichtragend und dornenlos.
Extra-Tipp: Brombeeren fruchten an zweijährigen Trieben. Im Frühjahr sechs neue Triebe fächerförmig auf der rechten Seite eines Rankgitters festbinden, sie fruchten nächstes Jahr. Die vorjährigen Fruchttriebe auf der linken Seite anbinden und im nächsten Frühjahr bodennah abschneiden. Platzsparende Säulenformen haben nur zwei bis vier Fruchttriebe.

Kultur-Heidelbeere
Vaccinium corymbosum

J F M A M J J A S O N D ☀

Pflanzgefäß: min. 60 Liter

Pflege: Verwenden Sie Erde und Dünger für Rhododendren oder Moorbeetpflanzen. Stets leicht feucht halten, möglichst mit kalkarmem Wasser oder Regenwasser. Rindenmulch oder Kaffeesatz bekommt ihr gut. Vier Jahre alte Triebe im Februar bodennah abschneiden.
Sorten: Empfehlenswert sind 'Duke' (Anfang Juli) und 'Bluecrop' (ab Ende Juli).
Extra-Tipp: Ein Sortenmix steigert den Ertrag. Die Sorte 'Sunshine Blue' ist immergrün, kompakt und trägt zartrosa Blüten. Äußerst Winterhart.

■ = Pflanzzeit ■ = Ernte ☀ Sonne ☽ Halbschatten

Erdbeere

Fragaria spec.

J F M A M J J A S O N D ☽ ☼

Pflanzabstand: 25 × 40 cm

Pflege: Nicht zu tief pflanzen. Ausläufer entfernen. Je 10 g Granulatdünger pro Pflanze ins Pflanzloch geben. Im Frühjahr und zur Ernte ebenfalls je 10 g.

Sorten: Einmal tragende Sorten wie 'Elvira' bevorzugen Sonne und fruchten vor allem im Mai und Juni. Wald- und Monatserdbeeren vertragen Halbschatten und fruchten mehrere Monate lang.

Extra-Tipp: Nach zwei bis drei Jahren Ableger nehmen (→ Seite 113) und damit die alten Pflanzen ersetzen.

Stachelbeere

Ribes uva-crispa

J F M A M J J A S O N D ☽ ☼

Pflanzgefäß: min. 30 Liter

Pflege: In der prallen Sonne bekommen sie Sonnenbrand, optimal ist sehr lichter Schatten. Ende März 2 Liter Kompost und 100 g Hornmehl geben. Stets nur 5–6 Haupttriebe stehen lassen, die ältesten bodennah bzw. bei Hochstämmchen nahe der Kronenbasis entfernen.

Sorten: Nur gut mehltauresistente Sorten pflanzen! Sehr ertragreich sind 'Redeva' (rot), 'Invicta' (grün-gelb).

Extra-Tipp: Wenn's eng wird, sind Hochstämmchen und beinahe stachellose Sorten wie die robuste und ertragreiche 'Captivator' (rot) optimal.

Rote Johannisbeere

Ribes rubrum, R. nigrum

J F M A M J J A S O N D ☽ ☼

Pflanzgefäß: min. 30 Liter

Pflege: Ende März mit 2 Litern Kompost und 100 g Hornmehl düngen. Jährlich nach der Ernte die zwei bis drei ältesten Triebe direkt über dem Boden entfernen. Seitentriebe, an denen Früchte hingen, fingerbreit über der nächsten Astgabel abschneiden. Bei schwarzen Sorten nach der Ernte die Haupttriebe über dem dritten langen Seitentrieb kappen.

Sorten: Ertragreich und robust sind 'Rovada' (rot), 'Rosa Sport' (rosa), 'Primus' (weiß) und 'Titania' (schwarz), zudem lassen sie kaum vorzeitig Beeren fallen.

Gut sortiert: Exotische Genüsse

Wer gerne nascht und öfter mal was Neues ausprobieren möchte, wird hier fündig: Acht Kandidaten aus fernen Ländern bewerben sich um einen warmen, sonnigen Platz auf dem Balkon.

Cranberry
Vaccinium macrocarpum

Die Großfrüchtige Moosbeere trägt im Mai und Juni rosa Blüten und ab September leuchtend rote Früchte. Immergrün, 20 cm hoch.

Litchitomate
Solanum sisymbriifolium

Eine Verwandte der Tomate. Auf die weißen bis hellvioletten Blüten folgen ab August kleine rote Beeren. 1–2 m hoch, mit Stacheln.

Ananaskirsche
Physalis pruinosa

Ab Juli fruchtig süße hellgelbe Beeren in lampionähnlichen Hüllen. Reife Früchte fallen ab. Anbau wie Tomaten. Höhe 30–80 cm.

Birnenmelone
Solanum muricatum

Auch Pepino genannt. 80–120 cm hoch. Weißviolette Blüten und eigroße gelbe Früchte mit violetten Streifen. Frostfrei überwintern.

Erdnuss
Arachis hypogaea

Die gelben Blüten senken sich nach der Befruchtung in die Erde, wo die Früchte reifen. Ernte im Herbst, wenn die Pflanze vertrocknet.

Zwergtamarillo
Solanum abutiloides

Trägt ab August 1 cm große orangefarbene Beeren, die nach Aprikose schmecken. Je nach Kübel 1,5–2 m hoch. Frostfrei überwintern.

Gojibeere
Lycium barbarum

Violette Blüten und rote Früchte. 'Sweet Life-berry' wächst kompakt und fruchtet reichlich. 150 cm hoch. Frosthart mit Winterschutz.

Maracuja
Passiflora edulis

Kletterpflanze mit herr-lichen Blüten und Früch-ten. Bis 2,5 m hoch. Zwei Pflanzen verbessern die Befruchtung. Hell und warm überwintern.

HERBST
& WINTER

BUNTE BLÄTTER, GOLDENES LICHT UND **KNACKIGE ÄPFEL** VERSÜSSEN UNS DEN AUSKLANG DES SOMMERS. DAS GARTENJAHR GEHT OHNEHIN WEITER: LECKERES **WINTERGEMÜSE** WILL GEERNTET WERDEN, DRAUSSEN ENTDECKEN MEISEN UND SPATZEN DIE NAGELNEUE **FUTTERSTATION** UND DIE BLUMENZWIEBELN IM KASTEN TRÄUMEN SCHON VOM NÄCHSTEN FRÜHJAHR.

Lust auf ... Herbst- und Winterzauber!

WEIHNACHTEN IM TOPF
Ganzjährig schön: Zuckerhut-Fichte

Sie brauchen: 1 Zuckerhut-Fichte (*Picea glauca* 'Conica') ∗ Äpfel o. ä. Schmuck

Diese Fichte ist ein äußerst dankbares Geschöpf: Ihr Nadelkleid ist wunderbar dicht und sie wächst langsam, kompakt und auch ohne Schnitt perfekt kegelförmig – selbst im Topf. In der Adventszeit bietet sie sich geradezu als Mini-Weihnachtsbaum an. Tipp: Anstelle von Kugeln und Zapfen können Sie das Bäumchen auch mit Meisenknödeln und Äpfelchen schmücken – zur großen Freude daheimgebliebener Singvögel. Nicht vergessen: Wie alle Immergrünen im Winter an frostfreien Tagen gelegentlich gießen!

WINDLICHTER AUS EIS
Gratis und stimmungsvoll

Sie brauchen: 2 ähnlich geformte Kunststoffschüsseln, im Durchmesser min. 2 cm verschieden ∗ Wasser ∗ Blüten, Hagebutten, Beeren oder kleine Zapfen

1. Den Boden der größeren Schüssel mit Wasser bedecken und einfrieren. Dann die kleinere Schüssel hineinstellen und in den Zwischenraum Wasser und Blüten, Beeren oder Ähnliches füllen. Gefrieren lassen.
2. So fortfahren, bis der Schüsselrand erreicht ist. Dann die Formen entfernen und das Windlicht auf den Balkon stellen.

INDOOR-KRÄUTER
Stark gegen Erkältungen

1. Wärmeliebende Kräuter wie Basilikum (→ Abb.) und Rosmarin ziehen im Herbst einfach auf die Fensterbank um – am besten stellt man sie erst an einen kühleren Platz, damit sie sich an den Temperaturunterschied gewöhnen können. Petersilie überlebt zwar im Freien, darf aber ebenfalls ins Haus aufs Fensterbrett, falls Sie im Winter weiter ernten möchten.
2. Damit Schnittlauch sicher wieder austreibt, graben Sie im Spätherbst einen kleinen Ballen aus und setzen Sie ihn in einen Topf. Erst nach dem ersten Frost holen Sie ihn rein ins Warme. Schon bald sprießen die ersten Halme.

HERBSTLICHES MOBILE
Vom Winde verwehte Souvenirs

Sie brauchen: 1 knorrigen Ast * Draht * Teelichter * Bindfaden * Herbstblätter, Hagebutten, Kastanien u.Ä. * kleine Marmeladengläser

1. Biegen Sie einen Draht um jedes Glas und verzwirbeln Sie die Enden. Daran befestigen Sie kleine Henkel aus Draht. In jedes Glas kommt ein Teelicht.

2. Stellen Sie mithilfe des Bindfadens unterschiedlich lange Ketten her, an denen die Fundstücke der letzten Spaziergänge baumeln.

3. Binden Sie nun die Ketten und die Kerzengläser an einem mittelgroßen Ast fest und hängen Sie das Mobile auf dem Balkon auf.

VOGELFUTTER TO GO
Weihnachtsgeschenk für Piepmätze

Sie brauchen: gebrauchte und gereinigte oder gekaufte Pappbecher * Bindfaden * Schere * Rinder- oder Kokosfett * Vogelfutter * Topf

1. Machen Sie am Ende und in der Mitte eines Bindfadens einen dicken Knoten. Auf den mittleren Knoten schieben Sie den Pappbecher.

2. Erwärmen Sie das Fett in einem Topf, lassen Sie es jedoch nicht kochen. Rühren Sie nun die gleiche Menge Vogelfutter hinein und gießen Sie die leicht abgekühlte Masse in den Pappbecher.

3. Ist die Fettmasse vollständig erstarrt, hängen Sie den Futterkolben draußen auf. Wer mag, kann den Becher vorher auch entfernen.

KÜRBISSUPPE
Einfach (und) herzerwärmend

Zutaten (4 Pers.): 600 g Kürbis (z. B. Hokkaido) * 2 Zwiebeln * 2 Knoblauchzehen * 1 Stück Ingwer (je nach Geschmack etwa daumengroß) * 3 EL Olivenöl * 2 EL Currypulver * 500 ml Gemüsebrühe * 500 ml Kokosmilch * 1 Limette * Salz * Pfeffer

1. Kürbis aushöhlen und Fruchtfleisch stückeln. Zwiebeln in feine Würfel schneiden. Knoblauch pressen. Ingwer reiben oder fein schneiden.

2. Zwiebeln eine Minute in Öl anbraten, dann Knoblauch und Ingwer hinzufügen. Nach weiteren zwei Minuten Currypulver darüberstäuben und ebenfalls kurz anschwitzen.

3. Nun Kürbis hinzufügen und mit der Gemüsebrühe und der Kokosmilch ablöschen. Köcheln lassen, bis der Kürbis weich ist, anschließend pürieren.

4. Limette auspressen. Suppe mit Limettensaft, Salz und Pfeffer abschmecken und im ausgehöhlten Kürbis servieren. Mahlzeit!

Farbenprächtiges Finale

Der Sommer neigt sich seinem Ende zu? Dafür dreht die Natur noch mal richtig auf! Genießen Sie das goldene Herbstlicht und die Aussicht auf ein spektakuläres Farbenfeuerwerk.

Info

Ein hübscher Hingucker für den herbstlichen Balkontisch ist eine Schale mit Herbst-Krokussen (*Crocus sativus*, *C. pulchellus* oder *C. ligusticus*).

Schön waren sie, die Tage voller Action und Spaß, die Ausflüge zum Baggersee und die spontanen Grillfeten auf dem Balkon. Aber auch der Herbst hat seine Vorzüge: Die milde Septembersonne wärmt den Rücken, ohne ins Schwitzen zu bringen, die ersten Frühnebel verleihen der Welt etwas Unwirklich-Magisches, und der innere Antrieb schaltet einen Gang zurück und läuft fortan im angenehmen Entspannungsmodus. Dazu passt, dass es auf Balkon und Dachterrasse oder im Hinterhof nun um kaum mehr als ums Genießen geht. Attraktive Herbstblüher bilden dafür die passende Kulisse, allen voran die farbenprächtigen Astern und Chrysanthemen. Wer sie regelmäßig gießt, einmal wöchentlich mit Flüssigdünger versorgt und Verblühtes regelmäßig ausputzt, kann sich über immer neue Blüten freuen.

Tolle Herbstdeko: Zierkürbisse halten an einem trockenen Platz monatelang.

Tipp: Stellen Sie die Töpfe nicht zu dicht, damit der Wind zwischen den Pflanzen hindurchstreichen kann, das beugt dem Befall mit Mehltaupilzen vor. Schön für kleine Balkone sind die nur 40 cm hohen Kissen-Astern (*Aster dumosus*); wer auf eine natürliche Gestaltung setzt, findet möglicherweise an den schleierartigen Blütenrispen der Myrten-Astern (*Aster ericoides*) Gefallen. Sie werden etwa 100 cm hoch und passen gut in sonnige Hinterhöfe – zum Beispiel vor eine Wand mit Wildem Wein (→ Seite 149).

Anspruchslose Dauergäste

In den Gärtnereien und Gartencentern wartet eine Fülle von Herbstblühern und passenden Begleitern darauf, sich in Schale zu werfen. Wer dabei lediglich an Heidekraut denkt, braucht dringend mal wieder ein Update: Herbst-Alpenveilchen (→ Seite 124), Bleiwurz und Fetthennen (*Sedum*) sorgen für abwechslungsreichen Blütenflor, Ziergräser bringen Struktur in die Bepflanzung und Stacheldrahtpflanze, Silberzapfen (*Helichrysum thianschanicum*) sowie andere versilberte Blattschönheiten verleihen dem Ganzen einen Hauch von Luxus. Besonders praktisch: Sie sehen auch den Winter über schön aus und können die Pflanzgefäße mehrere Jahre lang schmücken, so dies gewünscht ist.

Pfiffige Topfgärtner nutzen das und stecken rasch noch ein paar Handvoll Blumenzwiebeln zwischen die neuen Balkonbewohner – so ist im Nu auch der kommende Frühling fertig vorbereitet (→ Seite 126). Bei der Sortenwahl erweist sich die kleine Fläche erneut als Vorteil: Gartenbesitzer verzichten mitunter auf die besonders prächtigen Formen von Tulpen und Narzissen, weil diese Hochleistungssorten oft nur wenige Jahre in Folge blühen. Im Topfgarten hingegen können Sie aus dem Vollen schöpfen, denn die Bewohner werden ohnehin häufiger getauscht und es macht wenig Mühe, jedes Jahr eine Handvoll neuer Zwiebeln in der Erde zu verstecken.

Die attraktiven Hagebutten eignen sich auch für leckere Konfitüre.

Chrysanthemen, Astern und Heidekraut leuchten in Pink. Prachtkerze und Astilben steuern helle Töne bei.

Die Torfmyrte (Gaultheria mucronata) schmückt sich mit dekorativen Beeren.

Best of Herbstschmuck – die gelingen immer

Stacheldrahtpflanze
Calocephalus brownii

`J F M A M J J A S O N D` ☽ ☀

Pflanzabstand: 15–25 cm

Wuchs: Bizarr anmutende Triebe mit nadelförmigem Laub und silbriger Färbung, daher der Name. Trägt in unseren Breiten nur selten hübsche gelbe Blütchen. Nur in milden Lagen winterhart, dafür das ganze Jahr hindurch ein Hingucker – Absterbeerscheinungen zeigen sich optisch erst im Frühjahr.
Pflege: In Moorbeeterde pflanzen. Das Substrat gleichmäßig feucht halten, aber Staunässe vermeiden.
Extra-Tipp: Kann bei 10 °C an einem hellen Platz überwintert werden.

Kriechende Hornnarbe
Ceratostigma plumbaginoides

`J F M A M J J A S O N D` ☀

Pflanzabstand: 15–25 cm

Wuchs: Hübscher Bodendecker mit violettblauen Blüten. Die Blätter färben sich im Herbst leuchtend rot.
Pflege: Sehr wärmebedürftig, daher am besten im Frühjahr in mageres Substrat (Kräutererde) pflanzen. Sonnig und warm stellen. Alle zwei Wochen mit Flüssigdünger versorgen. Ein Winterschutz aus Fichtenreisig ist empfehlenswert.
Extra-Tipp: Durch den überhängenden Wuchs macht sie sich sehr gut in Balkonkästen oder gemischten Kübeln. Im Februar alle Triebe bis auf etwa 3 cm über dem Boden zurückschneiden.

Herbst-Alpenveilchen
Cyclamen hederifolium

`J F M A M J J A S O N D` ☽ ☀

Pflanzabstand: 15–25 cm

Wuchs: Rosafarbene oder reinweiße Blüten. Die efeuförmigen, weiß-grünen Blätter bleiben den Winter über erhalten.
Pflege: Wird als Knolle oder als blühende Pflanze angeboten. Als Drainageschicht etwa 3 cm hoch Sand ins Pflanzloch geben. Staunässe unbedingt vermeiden und Erde zwischen den Gießgängen komplett abtrocknen lassen. Kompostdüngung im Frühjahr.
Extra-Tipp: Die Blätter ziehen im Frühsommer ein. Deshalb am besten mit anderen Herbstpflanzen verwenden.

■ = Blütezeit   ■ = Pflanzzeit   ☀ Sonne   ☽ Halbschatten

Torfmyrte
Gaultheria mucronata, G. procumbens

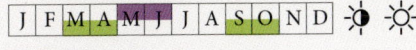 ◑ ☀

Pflanzabstand: 15–25 cm

Wuchs: Straff aufrechte Triebe mit spitzen glänzenden Blättchen. Mehrjährig und immergrün. Auf die weißen bis rosafarbenen Blüten folgen im Herbst weiße, rosafarbene oder rote (bei *G. procumbens*) Beeren, die lange haften bleiben.
Pflege: In Rhododendronerde pflanzen. Staunässe vermeiden, nicht austrocknen lassen. Kompostdüngung im Frühjahr.
Extra-Tipp: *G. procumbens* verträgt Minusgrade besser als *G. mucronata*. Letztere geschützt stellen und bei starkem Frost mit Fichtenreisig oder Gärtnervlies abdecken. Töpfe gut einpacken.

Heidekraut
Erica spec., *Calluna* spec.

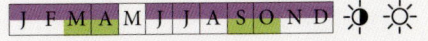 ◑ ☀

Pflanzabstand: 15–25 cm

Wuchs: Kompakt-aufrechte Blütentriebe in Rosa, Violett oder Weiß. Besenheide (*C. vulgaris*) blüht von Oktober bis Dezember, Schnee-Heide (*E. carnea*) von November bis April. Glocken-, Cornwall- und Graue Heide (*E. tetralix, E. vagans, E. cinerea*) decken das restliche Jahr ab.
Pflege: Sonne bis Halbschatten. In Rhododendron- oder Moorbeeterde pflanzen. Dabei den Topfballen etwas tiefer setzen, sodass er etwa 0,5 cm hoch mit Erde bedeckt ist. Alte Blütentriebe im April (*C. vulgaris*) bzw. nach der Blüte einkürzen. Kompostdüngung im Frühjahr.

Lampenputzergras
Pennisetum alopecuroides

 ☀

Pflanzabstand: 30–70 cm

Wuchs: Kompakte Horste elegant überhängender Halme und herrlich weich aussehende lange Blütenrispen. Mehrjährig. Je nach Sorte werden die Blütenstände bis 130 cm hoch. Für den Topf eignen sich kleine bis mittelhohe Sorten wie 'Little Bunny' (30 cm) oder 'Hameln' (bis 80 cm, goldgelbe Herbstfärbung).
Pflege: Blumenerde oder Kompost mit Sand durchlässiger machen. Zum Austrieb ein paar Handvoll Kompost geben. Alle drei bis vier Jahre teilen.
Extra-Tipp: Die Halme erst im Februar 4 cm über dem Boden abschneiden.

Schritt für Schritt: Blumenzwiebeln setzen

Wer es stressfrei mag, wird Zwiebelblumen lieben – besonders, wenn sie sich mit immergrünen Stauden verbünden. Das sympathische Motto der Topfgemeinschaft: Einmal bepflanzt, immer schön.

FÜR DEN HERBST-FRÜHLINGS-EINTOPF:

| Blumenzwiebeln | Pflanzgefäß | Blähton und Sand | Pflanzschaufel | Erde | Stauden |

> Über der Drainage fülle ich eine erste Schicht Erde ein. Als extra Nässeschutz für die Zwiebeln kann man eine 2-3 cm starke Schicht aus grobem Sand daraufschütten.

1

Zwiebelblumen gehören zu den Pflanzen, die definitiv nicht mal das Seepferdchen gemacht haben. Dauerhafte Nässe lässt im Nu die sonst so robusten Zwiebeln faulen. Daher sind im Kübel ein guter Wasserabzug und eine Drainageschicht aus Kies oder Blähton besonders wichtig. 3–10 cm hoch sollte die Drainage je nach Gefäßhöhe schon sein. Zusätzlich empfiehlt es sich, die Zwiebeln über einer ersten Erdschicht auf groben Sand zu betten oder generell einen Mix aus zwei Dritteln Blumenerde und einem Drittel Sand zu verwenden. Auf welcher Höhe Sie die ersten Blumenzwiebeln (→ Foto 2) verteilen, hängt von der Topfhöhe ab: Bedenken Sie, dass über den Zwiebeln noch Platz für etwas Erde und die Stauden sein sollte. Und ein Gießrand von etwa 2 cm sollte am Ende auch noch bleiben. Als Stauden eignen sich zum Beispiel Herbst-Alpenveilchen, Fetthenne, Günsel, Segge oder Pfennigkraut.

Nun verteile ich die ersten Zwiebeln im Topf. Dafür wähle ich Arten, die gerne etwas tiefer gesetzt werden, zum Beispiel Narzissen oder Tulpen. Der »Zipfel« sollte immer nach oben zeigen, denn daraus schieben sich die Blüten und Blätter hervor.

Auf die Zwiebeln kommt eine weitere Schicht Erde und dann kann ich auch schon die Stauden einsetzen. Besonders schön sind Kombis aus einem Ziergras, einer höheren Pflanze wie der Aster und einer überhängenden wie der Stacheldrahtpflanze.

Zwischen die Stauden stecke ich nun die Zwiebeln von Arten, die etwas weniger tief gepflanzt werden möchten, zum Beispiel Traubenhyazinthen, Schneeglöckchen oder Krokusse. Man erkennt sie leicht daran, dass ihre Zwiebeln viel kleiner sind.

Zum Schluss heißt es auch hier wieder: Gut angießen, damit die Stauden rasch einwurzeln. Die Zwiebelblumen schlummern den Herbst und Winter hindurch, aber ich bin jetzt schon gespannt auf den nächsten Frühling!

Reif für den Winter

Der Wetterbericht verabschiedet den Herbst in salbungsvollen Worten? Soll er doch, Balkongärtner wärmt der Gedanke an all die Leckereien, die auch jetzt noch in Töpfen und Kübeln heranreifen.

Radieschen, Salate und Kresse können Sie noch bis Mitte September aussäen, dann reifen die Sprinter unter den Gemüsen rechtzeitig vor den ersten Frösten heran. Und selbst wenn sich Väterchen Frost ungewohnt früh zu einem Kurzbesuch ankündigt: Mit einem wärmenden Vlies abgedeckt lassen sich Möhren, Mangold, Rote Bete sowie Endivien und andere Herbstsalate noch bis in den November hinein ernten. Ein wärmendes Vlies-Häubchen in der Nacht freut ab September auch Bohnen und kälteempfindliche Fruchtgemüse wie Tomaten, Paprika und Gurken.

Auf diese Weise können im warmen Glanz der Herbstsonne noch die letzten Früchte ausreifen. Tipp: Brechen Sie ab September neu erscheinende Blüten aus, damit die Pflanzen all ihre Kraft in die Früchte stecken. Hängen im Oktober noch einzelne grüne Tomaten an den Sträuchern, dürfen diese im Haus nachreifen, oder Sie verkochen sie zu leckeren Chutneys oder Konfitüren.

Vitamin-Nachschub

Zart im Aussehen, aber hart im Nehmen sind Feldsalat und Spinat. Bis Mitte September gesät können Sie die leckeren Blattgemüse noch im Herbst ernten. Mit Wintersorten verlängert sich die Aussaatzeit für Spinat bis Ende September und für Feldsalat bis Ende Oktober. Damit das Wachstum nicht stoppt, ist eine Vliesabdeckung empfehlenswert, sobald die Temperaturen dauerhaft unter 15 °C sinken. Für knackiges Grün trotz klirrender Kälte sorgen auch Winterkresse (*Barbarea vulgaris*) und Winterpostelein (*Montia perfoliata*) – ab −10 °C mit Vlies abdecken – sowie Rauke (→ Seite 97) vom Balkon oder von der Fensterbank. Auch Vögel freuen sich über ein Snackangebot, etwa Äpfel, Meisenknödel oder aus erwärmtem Kokosfett und einer Körnermischung selbst gemachte Vogelfutterplätzchen (→ Seite 120).

Ein Vlies schützt wärmeliebende Gemüse wie Paprika in kalten Nächten.

1

2

3

Schnell gemacht

- -

SPROSSEN AUS DEM GLAS:

1. Saatgut einfüllen
Spülen Sie ein bauchiges Glas mit Schraubverschluss – etwa ein Gurkenglas – gründlich aus.
Geben Sie das gewünschte Saatgut ins Glas,
beispielsweise Weizen (Foto), Mungobohnen
oder Alfalfa (*Medicago sativa*). Dann Wasser
einfüllen, bis das Saatgut ganz bedeckt ist.

2. Glas verschließen
Mithilfe eines Bindfadens oder eines Gummis
ein Stück Gaze über das Glas spannen. Das
Glas ein paar Mal schwenken und die Flüssig-
keit durch die Gaze abgießen.

3. Kurzwaschgang
Schwenken Sie die Samen nun einmal täglich
im Wasser und gießen Sie es sorgfältig wieder
ab, damit die Keimlinge nicht ertrinken. Nach
ein paar Tagen sind die Sprossen fertig und
krönen Salat oder Butterbrot.

Winterurlaub: Kübelpflanzen überwintern

Monatelang haben sie mit blumigen Höchstleistungen geglänzt, nun haben sich Bougainvillea, Oleander und Co. eine Auszeit verdient. Nur: Wo finden die Winterferien am besten statt?

Keine Sorge, Kübelpflanzen sind gar nicht so anspruchsvoll, wenn es um die Wahl des Urlaubsdomizils geht. Buchs, Bambus, Lorbeer und andere Unerschrockene bleiben ebenso wie winterharte Stauden und die vorgestellten Obst- und Beerengehölze einfach draußen (→ Seite 132). Die meisten anderen Arten haben ein bescheidenes Minimalziel:

Auch wenn tagsüber noch die Sonne lacht, nachts kann es empfindlich kalt werden.

keine Erfrierungen und viel Ruhe. Auch braucht niemand in Panik zu verfallen, wenn sich die Temperaturen im Herbst allmählich dem Nullpunkt nähern. Denn grundsätzlich gilt: Lassen Sie Ihre Kübelpflanzen so lange wie möglich im Freien. Im Winterquartier herrschen nämlich selten optimale Bedingungen, je kürzer sich die Pflanzen dort aufhalten, desto besser. Außerdem härtet jede weitere Woche draußen die grünen Mitbewohner ab – das Düngen sollten Sie ja ohnehin bereits Ende August eingestellt haben (→ Seite 79), sodass die im Frühjahr und Sommer neu erschienenen Triebe bereits gut ausgereift sein dürften.

Zu den Ersten, die im Laufe des Herbstes ins Winterquartier umziehen, gehören empfindliche Arten wie Engelstrompete, Hibiskus, Bougainvillea, Enzianstrauch und Kentiapalme. Ein bestimmtes Datum für ihren Einzug gibt es allerdings nicht. Um den optimalen Zeitpunkt abzupassen, sollten Sie schlicht den Wetterbericht verfolgen: Sind erste Fröste angekündigt, wird es Zeit zu reagieren. Viele andere Kübelpflanzen sind hingegen erstaunlich unempfindlich: Ihrem exotischen Aussehen zum Trotz halten Zylinderputzer, Oleander und Schönmalve, aber auch Schmucklilien und Zitruspflanzen bis zu −5 °C problemlos aus. Granatapfel und Olivenbäumchen überstehen sogar bis zu −10 °C unbeschadet. Im Gegensatz zu manchem Übertopf: Vor allem Terrakottagefäße sind oft nicht frostfest und platzen bei Temperaturen unter null. Wer solche Kostbarkeiten sein Eignen nennt, sollte sie rechtzeitig an einem frostfreien Platz verstauen.

Gegen den Winter-Blues

Die meisten Kübelpflanzen bevorzugen gemäßigte 10 °C, denn die trockene Luft in beheizten Zimmern schwächt die Pflanzen und macht sie anfälliger für Schädlinge. Günstige Voraussetzungen herrschen oft im unbeheizten Treppenhaus: Nicht zu warm, nicht zu kalt und hoffentlich schön hell, so fühlen sich die meisten Kübelpflanzen wohl. Sie können aber nur ein Quartier im dunklen Keller anbieten? Für laubabwerfende Arten wie Hibiskus und Engelstrompete geht das völlig in Ordnung, sie entledigen sich einfach ihres Blätterkleides und überwintern im Schlummermodus. Immergrüne Topfbewohner wie Oleander, Zitrone oder Kentiapalme hingegen betreiben das ganze Jahr über Photosynthese und benötigen daher auch im Winter ausreichend Helligkeit. Die Kentiapalme ist dabei insofern besonders praktisch, als sie die kalte Jahreszeit einfach als Zimmerpflanze überdauern kann – das gilt auch für andere wärmeliebende Arten wie die anpassungsfähige Schönmalve. Sie akzeptiert Temperaturen von 5–20 °C und entscheidet je nach Helligkeit, ob sie ihre Blätter behält oder nicht.

Unabhängig davon, wo Ihre Pflanzen überwintern, sollten Sie sie regelmäßig auf Schädlinge kontrollieren. Besonders häufig

Zitruspflanzen wie diese Calamondin müssen erst ins Haus, wenn Frost droht.

treten Spinnmilben und Trauermücken auf. Spinnmilben fühlen sich bei trockener Luft pudelwohl, Trauermücken lieben nasse Erde. Stellen Sie also Luftbefeuchter auf oder besprühen Sie die Pflanzen mit destilliertem Wasser. Beim Gießen gilt: Nur sparsam wässern und die Erde ruhig auch mal ein, zwei Wochen vollständig austrocknen lassen. Flüssigdünger verabreichen Sie nur den hell stehenden Pflanzen alle vier Wochen. Tipp: Gegen Trauermücken helfen auch Nematoden (→ Seite 154). Die für Menschen und Haustiere völlig harmlosen Fadenwürmer werden ins Gießwasser eingerührt und parasitieren die Trauermückenlarven in der Erde.

Es gibt aufblasbare Gewächshäuser, aber sie sind die absolute Notlösung. Deutlich besser: Viele Gärtnereien bieten einen Überwinterungsservice an.

Schritt für Schritt: Kälteschutz für Topfpflanzen

Warme Füße und eventuell ein Mützchen gegen kalte Ohren: So ausgerüstet kommen winterharte Kübelpflanzen gut durch die kalte Jahreszeit – und sind auch noch hübsch anzuschauen.

WÄRMENDES ZUBEHÖR:

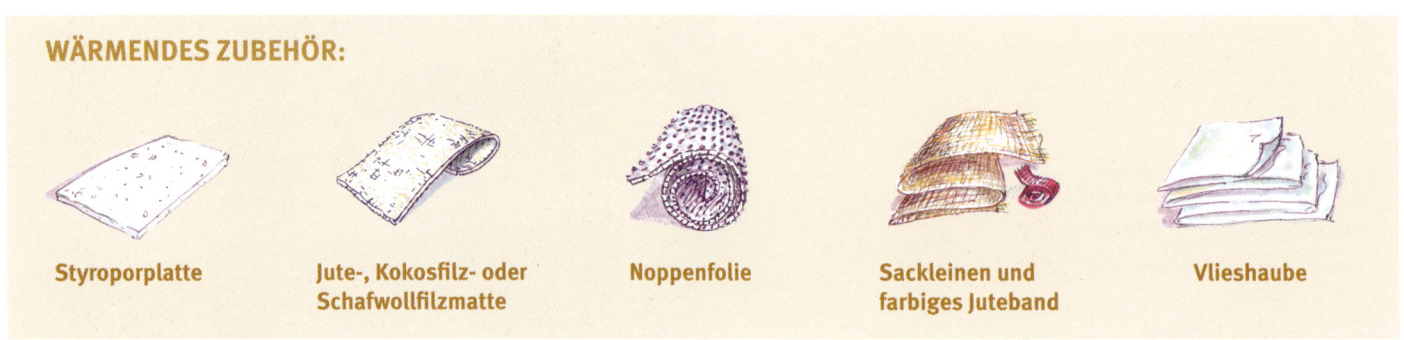

| Styroporplatte | Jute-, Kokosfilz- oder Schafwollfilzmatte | Noppenfolie | Sackleinen und farbiges Juteband | Vlieshaube |

(1)

Kalte Füße sind doof, auch für Kübelpflanzen. Eine einfache Styroporplatte aus dem Baumarkt isoliert gegen die schlimmste Bodenkälte. Diese hier habe ich einfach mit einem Cuttermesser auf die richtige Größe zurechtgeschnitten.

Im Topf lassen sich auch winterharte Pflanzen wie Rose, Glockenblume oder Apfelbäumchen gerne einmummeln, weil ihre Wurzelballen hier schneller durchfrieren als im Beet. Wichtig: Während der Topf selbst mit gut isolierender Noppenfolie umwickelt werden kann, dürfen Sie die oberirdischen Pflanzenteile nur mit luftdurchlässigem Material wie Sackleinen, Fichtenreisig oder Gärtnervlies vor der Kälte schützen. Andernfalls drohen Fäulnis und Pilzkrankheiten. Ebenso wichtig ist ein guter Wasserablauf. Wenn sich die Nässe am Topfboden sammelt, ist das Ergebnis Eis am Stiel. Zusätzlich zu den Wasserabzugslöchern im Topfboden und der Drainageschicht können Sie die Gefäße auf kleine Holzklötze oder auf Füßchen aus frostfester Keramik stellen. Positiver Nebeneffekt: Jeder Zentimeter Höhengewinn bringt den Topf in wärmere Gefilde, da kalte Luft nach unten sinkt.

Mit ein paar Schnitten habe ich auch eine Matte aus Jute, Kokosfilz oder - echt superwarm - Schafwollfilz entsprechend der Topfgröße zugeschnitten. Einfach um den Topf wickeln, festbinden, fertig.

Meine Kletterrose schütze ich mit luftdurchlässigem Gärtnervlies. Super geeignet sind auch Fichtenzweige und Sackleinen.

Sehr praktisch: Vorgeschnittene Kragen aus Kokosfilz schützen den Wurzelballen von oben.

Noppenfolie ist ein super Kälteschutz für Töpfe. Weil sie nicht so toll aussieht, verschönere ich das Ganze anschließend mit Sackleinen und farbigem Juteband.

Fit für Eis und Schnee

Ehe sich der Topfgarten zur Winterruhe begibt, dürfen Sie noch mal aktiv werden: Das große Aufräumen steht an! Und vielleicht wollen Sie dem Balkon ja ein bisschen Weihnachtsglanz verleihen?

Nach starken Schneefällen sollten Sie den Schnee von Kübelpflanzen und mobilen Heckenelementen abschütteln, damit keine Äste abbrechen.

Viele Sommerblumen werden mit den ersten Frösten unansehnlich und wandern in die Biotonne; was noch hübsch aussieht, darf bis zum Frühjahr bleiben. Stockrose, Mädchenauge und Kokardenblume schneiden Sie bereits Ende September eine Handbreit über den bodennahen Blättern ab, das fördert die Langlebigkeit. Frostempfindliche Stauden erhalten ein luftiges Mäntelchen aus Fichtenzweigen – so verbreiten sie auch gleich vorweihnachtliches Flair. Mit ein paar Strohsternen, Zieräpfeln und Tannenzapfen vom letzten Waldspaziergang ist die Weihnachtsdeko perfekt. Wichtig: Alle mehrjährigen Balkon- und Kübelpflanzen, besonders aber immergrüne Arten wie Buchs und Bambus sollten Sie auch in der kalten Jahreszeit gelegentlich gießen. Die meisten vermeintlichen Kälteschäden sind in Wahrheit nämlich Trockenschäden. Kontrollieren Sie daher immer mal wieder an frostfreien Tagen die Bodenfeuchte und greifen Sie gegebenenfalls zur Gießkanne.

TÜV für Gartengeräte

Schäufelchen, Handharke und Sieb befreit man jetzt ebenso wie nicht benutzte Pflanzgefäße von anhaftenden Erdresten und reinigt sie eventuell gründlich mit Seifenwasser. Töpfe lassen sich innen prima mit einer Blumentopfbürste oder – weniger romantisch, aber effektiv – mit einer Klobürste säubern. Sind die Griffe Ihrer Gartengeräte aus Holz gefertigt, bepinseln Sie sie mit Leinöl, damit sie nicht spröde werden. Haben Scheren Rost angesetzt, hilft kräftiges Bürsten oder eine Abreibung mit Stahlwolle. Waschbenzin löst klebrige Beläge. Eine dünne Ölschicht schützt die Metallteile anschließend bis zum Frühjahr vor Flugrost. Im Hof nicht vergessen: Den Zulauf von Außenwasserleitungen abstellen, Leitungen leeren und die Hähne bis zum Frühjahr offen lassen.

Fichtenzweige sind ein ideales Abdeckmaterial, denn sie lassen Luft durch.

Schnell gemacht

- -

DAHLIEN ÜBERWINTERN:

1. Raus aus dem Boden
Wenn Dahlien über Nacht schwarz werden, wissen Sie mit Sicherheit: Es hat Frost gegeben. Schneiden Sie nun die Triebe etwa 5 cm oberhalb der Erdoberfläche ab.

2. Weg mit der Erde
Nehmen Sie die Knollen heraus und bürsten Sie die anhaftende Erde ab. Ist das Substrat feucht, lagern Sie die Knollen vorher ein paar Tage im Haus. Dann bekommt jede Knolle ein Schild mit Sortennamen und Blütenfarbe.

3. Ab in die Kiste
Bedecken Sie die Knollen mit trockenem Sand und stellen Sie die Kiste an einen dunklen, trockenen Platz bei 0–5 °C. Beschädigte Dahlien entsorgen oder Faulstellen wegschneiden, Schnittflächen mit Holzkohlepulver bestäuben und die Knollen separat lagern.

GESTALTUNG

MIT GUTEN IDEEN, DER PASSENDEN HARDWARE UND EINEM SPRITZER IMPROVISATION WIRD AUS EINEM SO-LA-LA-BALKON EIN OPEN-AIR-MODELL DER **SPITZENKLASSE**. GROSSER AUFWAND? NICHT DIE SPUR! GROSSE WIRKUNG? MIT SICHERHEIT! UND DAMIT WIRKLICH GAR NICHTS DIE **FREILUFTSAISON** VERMIEST: TIPPS FÜR EINE GUTE BALKON-NACHBARSCHAFT GIBT'S OBENDREIN.

Voll verplant: Grundlagen

In Sachen Gestaltung können sich Topfgärtner durchaus den einen oder anderen Trick von den Gartendesignern abschauen. Zücken Sie Papier und Bleistift und los geht's mit der Planung ...

Die meisten Topfgärten lassen sich mit einem Blick erfassen – und das kann ziemlich langweilig wirken. Die Lösung: Wenn es die Größe von Balkon, Hinterhof oder Dachterrasse zulässt, sollten Sie direkte Blickachsen unterbrechen und die Fläche in mehrere Gartenzimmer einteilen. Einen schlauchartigen Hof können Sie etwa mithilfe hoher

Die Holzdielen und Leuchtsteine wurden in unterschiedlicher Richtung verlegt, das sorgt für Spannung.

Kübelpflanzen oder mit Kletterpflanzen geschmückter Rankgitter in mehrere Bereiche gliedern – das macht neugierig, schließlich möchte man wissen, was sich hinter den »Raumteilern« verbirgt. Auf einem lang gestreckten Balkon gibt es dafür meist zu wenig Platz in der Breite. Der Trick mit den verschiedenen Zimmern funktioniert aber auch hier: Heben Sie zum Beispiel den Sitzplatz optisch und tatsächlich hervor, indem Sie ihn auf einem kleinen Holzpodest einrichten. Prinzipiell genügt schon ein Wechsel im Bodenbelag, um optisch zu suggerieren: Hier beginnt ein neuer Bereich. Zusätzlich können Sie zwei attraktive Hochstämmchen an der Grenze zum Sitzbereich postieren und damit eine Art Eingangsportal schaffen.

Platz mit Aussicht

Ein paar Gedanken über die Raumaufteilung lohnen sich auch aus anderen Gründen. Zum Beispiel möchte jeder gerne eine schöne Aussicht genießen – dumm nur, wenn die mit Kästen und Kübeln zugestellt ist. Nehmen Sie sich also einfach einmal einen Stuhl und probieren Sie auf der noch leeren Fläche aus, in welche Richtung Sie am liebsten gucken und wo Sie sich besonders wohlfühlen – das ist der perfekte Ort für den Sitzplatz. Als Nächstes überlegen Sie, welche Ecken

Frisch wie eine Meeresbrise: Das beliebte Farbduo Blau und Weiß ist optimal für heiße Südbalkone. Passende Accessoires verstärken den Effekt.

Sie eigentlich gar nicht sehen möchten, zum Beispiel den Nachbarbalkon oder eine nackte Betonwand. Hier sind Sichtschutzlösungen (→ Seite 146) gefragt, die das jeweilige Objekt verdecken. Manchmal lässt sich der Nachteil auch in einen Vorteil verwandeln: Die Betonwand an der Dachterrasse oder im Hof kann als Rückenlehne für eine Sitzbank mit angrenzendem Hochbeet dienen und bietet Platz für aufhängbare Pflanztaschen oder einen Wandsonnenschirm.

Elegant bis kunterbunt

Eines der wichtigsten Gestaltungselemente ist die Farbe. Natürlich dürfen Sie sich bei Pflanzen, »Hardware« (→ Seite 142) und Accessoires nach Herzenslust austoben. Aber vielleicht ist Ihnen schon aufgefallen, dass ein kunterbuntes Durcheinander den Raum enger wirken lässt. Das kann einen Balkon oder Hof besonders kuschelig machen. Wer aber Wert auf Weite legt, sollte sich bei der Farbwahl lieber auf einige wenige Nuancen beschränken. Besonders großzügig wirkt eine Gestaltung in kühlen Farben: Blau und Weiß, Grün und Weiß oder zarte Pastelltöne lassen die Grenzen optisch zurücktreten und verleihen dem Arrangement zudem eine Frische und Leichtigkeit, die gerade Besitzer von Südbalkonen im Sommer schätzen werden. Wer die Sonnenseiten des Lebens betonen möchte, entscheidet sich hingegen für freundliches Gelb oder greift mit Rot und Orange zu echten Powerfarben – damit kommt selbst bei Regenwetter keine Langeweile auf! Noch ein Tipp zur Anordnung der Pflanzen: Damit man alle gut sieht, sollten große Exemplare hinten stehen und kleine vorne. Sammlungen kleiner und mittelgroßer Töpfe lassen sich auch gut auf einem Beistelltischchen, einer Pflanzetagere oder einem – zum Beispiel aus Holzpaletten – selbst gebauten Treppchen präsentieren.

Boden gut machen

Auf Balkon und Dachterrasse ist naturgemäß eher selten saftig grüner Rasen anzutreffen. Dafür haben Sie die Wahl zwischen allerlei Bodenbelägen von elegant bis verspielt.

> Nicht allzu lange haltbar, aber günstig im Preis und schnell ausgerollt sind Bastmatten fürs Schwimmbad. Sie heizen sich zudem weniger auf als Beton.

Gleich mehrere Kandidaten liegen Ihnen bereitwillig zu Füßen. Holzfliesen beispielsweise, die jeder Umgebung eine wohnliche Note verleihen (→ Seite 141). Dank einfacher Klicksysteme sind sie schnell und unkompliziert verlegt. Sie können zwischen den sehr widerstandsfähigen Wood-Plastic-Composites (WPC) und Echtholz wählen. Langlebige Holzarten sind etwa Robinie, Eiche und Esskastanie. Tropenhölzer wie Teak oder Bangkirai sind aus ökologischen Gründen nicht zu empfehlen – wenn, dann sollten sie zumindest das FSC-Siegel (Forest Stewardship Council) tragen. Es gibt Kunststofffliesen, die Naturmaterialien imitieren – etwa in Sandsteinoptik, die perfekt zu einer mediterranen Gestaltung passt.

Für Experimentierfreudige

Ein echtes Revival erlebt der lange verpönte Kunstrasen, den es heute in erstaunlich echt aussehenden Varianten gibt. Gerade auf bunten Partybalkonen kann er ein Hingucker sein und ist dank doppelseitigem Klebeband rasch verlegt. Wichtig, um Moos- oder Schimmelbefall vorzubeugen, ist ein guter Wasserablauf. Kontrollieren Sie vor dem Kauf, ob der Balkon ein leichtes Gefälle und einen Wasserablauf hat (was die Regel ist), und wählen Sie Kunstrasen mit Perforation und ausgeprägtem Rillenprofil auf der Unterseite. Auf Nordbalkonen und schattigen Hinterhöfen hält sich Feuchtigkeit zu lange. Wer solchen Plätzen Farbe verleihen möchte, greift stattdessen zu wetterfesten und schmutzabweisenden Outdoorteppichen. Diese lassen sich von Zeit zu Zeit lüften und sind ebenso in knallbunten wie in elegant-zurückhaltenden Ausführungen erhältlich (→ Seite 154). Und für Gestalter mit Südsee-Faible – und geschlossener Balkonbrüstung – gibt es ohnehin nur einen passenden Bodenbelag: feinen weißen Sand. Aloha!

Die großformatigen Fliesen lassen die Dachterrasse noch großzügiger wirken.

Schnell gemacht

HOLZFLIESEN VERLEGEN:

1. Fliesen verlegen
Am besten liegen Fließen auf festem, ebenem Untergrund, etwa auf den vorhandenen Balkonfliesen, auf Estrich oder Beton. Unebenheiten gleichen Sie aus, indem Sie bei Erhöhungen den Kunststoffunterbau entsprechend einkürzen, bei Senken helfen untergeschobene Holzkeile. Bei größeren Unebenheiten tragen Profis eine Ausgleichsmasse aus dem Baumarkt auf, ehe sie die Fliesen verlegen.

2. Durchklicken
Dank Kunststoffunterbau sind die Fliesen im Nu zusammengesteckt und Wasser kann gut ablaufen. Zum Anpassen an unregelmäßige Flächen genügen Cuttermesser und Handsäge.

3. Einweihen
Einmal verlegt kann man die Fliesen sofort begehen. Her mit Kästen, Kübeln und dem Grill!

Hardware & Software: Balkonausstattung

Es grünt und blüht, dass es eine wahre Pracht ist? Dann heißt es jetzt bequem zurücklehnen und genießen. Hier finden Sie Tipps, mit denen es im Outdoor-Wohnzimmer richtig gemütlich wird.

Info

Schnell gemacht ist ein Teelicht aus einem Glas und einem Topfreiniger aus Aluminium: Schwamm aufziehen, über das Glas stülpen, fertig.

Sonnenblumen stehen in Töpfen Spalier, Tomaten und Kartoffeln haben es sich in Growing Bags gemütlich gemacht und aus der Blumenampel grüßen freundlich die kleinen Hornveilchen … Moment mal, fehlt da nicht was Entscheidendes? Sollte der Gärtner nicht auch noch ein nettes Plätzchen finden? Zum Glück gibt es viele Balkonmöbel, die einen relativ geringen Ausbreitungsdrang haben. Tische und Stühle empfehlen sich beispielsweise als Klappvarianten, die im Nu aufgestellt und ebenso schnell wieder platzsparend verstaut sind. Wer viel Wert auf Komfort legt und über etwas mehr Platz verfügt, kann Loungemöbel aus wetterfestem Polyrattan wählen. Die Sessel, Sofas und Tische sind zwar an sich ziemlich breit, lassen sich aber oft zu einem kompakten Würfel zusammenschieben, wenn sie nicht gebraucht werden.

Aus dem Weg!

Für absolute Mini-Balkone bieten sich Klapptische an, die man an der Balkonbrüstung befestigt und nur bei Bedarf öffnet; im zusammengeklappten Zustand nehmen sie praktisch keinen Platz weg und stehen auch nicht im Weg herum.
Fiese Stolperfallen gilt es auch beim Sonnenschutz zu vermeiden. Klassische

Sonnenschirme haben nämlich einen entscheidenden Fehler: den sperrigen Fuß. Platzsparende Alternativen sind halbkreisförmige Schirme, die direkt an der Wand befestigt werden, oder – nicht ganz billig, aber ungemein praktisch – ausfahrbare Markisen. Für Höfe und Dachterrassen sind Sonnensegel eine tolle Sache: modern, elegant und zu jedem Stil passend. Die einfachste Variante aus einem alten Bettlaken und ein paar Schnüren ist schnell selbst gemacht. Tipp:

Der Bistrotisch wird nach Bedarf mit Klappstühlen im Shabby Chic ergänzt.

Der Bambusschirm ist der Eyecatcher auf dem mit vielen Klappmöbeln gestalteten Balkon.

Wer nur alle Jubeljahre grillt, kann mit Blumenkastenhaltern und Einweg-Grillschale improvisieren.

Stets leicht schräg aufspannen, damit sich Blätter und Wasser nicht so schnell darauf sammeln. Gekaufte Varianten aus wetterfestem Material saugen sich nicht mit Wasser voll. Auch sie sollten allerdings bei Sturm oder angekündigten Unwettern abmontiert werden. Wer sich das sparen möchte und etwas mehr investieren kann, begeistert sich vielleicht für Modelle, die sich manuell oder elektrisch blitzschnell aufrollen lassen. So bleibt mehr Zeit für die wesentlichen Dinge des Lebens. Grillen zum Beispiel.

Auch die hierfür erforderliche Hardware gibt es in den unterschiedlichsten Größen. Minis in Balkonkastenform zum Beispiel lassen sich wie diese einfach am Balkonge-

länder befestigen; ein einfacher Kugelgrill ist verhältnismäßig leicht und somit schnell vom Balkon in den Abstellraum oder Keller geräumt. Satt und zufrieden sitzt es sich draußen noch schöner, vor allem, wenn abends die passende Beleuchtung für eine stimmungsvolle Atmosphäre sorgt. Am schönsten ist natürlich offenes Feuer. Für Feuerschalen und -körbe sollte allerdings so viel Platz vorhanden sein, dass niemand um seine Hosenbeine fürchten muss. Eine schöne Alternative sind Tischfeuer und Fackeln, die mit Ethanol oder Brennpaste betrieben werden, Öl- oder Spirituslampen und natürlich Teelichter. Sehr praktisch: solarbetriebene Lichterketten und Lampions.

Frischekur für ...

Manche Balkone und Accessoires sind in die Jahre gekommen, andere sind einfach von Anfang an hässlich. Zeit für eine kleine Schönheitsoperation – ambulant und unkompliziert.

... langweilige Wände

Falls Sie spektakulärem Mausgrau wenig abgewinnen können – Sie haben ehrgeizige Verbündete! Zahlreiche Kletterpflanzen streben eine steile Karriere an und zeigen sich extrem dankbar, wenn Sie ihnen dazu sowohl die Möglichkeit in Form von Wänden als auch ein wenig Starthilfe in Form von Rankgerüsten bieten. Am Ende bedauern Sie womöglich sogar, nicht mehr Wände zur Verfügung zu haben, denn immerhin

Clever: Eine Schwimmbad-Bastmatte bemalen und als Sichtschutz ins Balkongitter flechten.

erschließen Sie sich mit der Senkrechten mehrere Quadratmeter an Platz für attraktive Blätter und/oder farbenfrohe Blüten. Alles, was Sie zum vertikalen Gärtnern benötigen, sind Pflanzkästen, die passenden Pflanzen und je nach Art geeignete Kletterhilfen. Wer Abwechslung liebt und schnelle Ergebnisse sehen möchte, für den sind einjährige Himmelsstürmer ideal. Duftwicken, Prunkwinden (*Ipomoea tricolor*) und andere Blütenschönheiten erobern innerhalb weniger Wochen Rankgitter, aufgespannte Netze oder selbst gebaute Kletterhilfen (→ Seite 147), ohne dabei überhandzunehmen.

Etwas mehr Geduld benötigt man für mehrjährige Arten wie Waldrebe (*Clematis*) oder Geißblatt, die dafür mit den Jahren immer schöner werden. Auf den ersten Blick besonders praktisch sind Pflanzen, die mithilfe von Haftscheiben oder Haftwurzeln klettern und meist ganz ohne Rankgerüst auskommen. Aber Vorsicht, die Haftorgane lassen sich später oft nur mithilfe von Drahtbürste oder Abflammgerät wieder entfernen und manche Arten sind in ihrem Ausbreitungsdrang geradezu aggressiv. Besprechen Sie sich vorher deshalb bei selbstkletternden Arten immer mit dem Vermieter. Tipp: Waldreben kommen auch ohne ein Rankgerüst aus. Sie lassen ihre Triebe auch aus Pflanztaschen (→ Seite 154) baumeln.

TÖPFE VERZIEREN:

Sie brauchen: Kraftkleber, Fugenmörtel, Material zum Verzieren, etwa Bruchstücke von bunten Fliesen oder Spiegeln, Kieselsteine, Muscheln, Kronkorken, Münzen.

* Alte Tontöpfe befreien Sie zunächst mit Essigwasser und einer Wurzelbürste von Kalkflecken. Gut trocknen lassen.

* Mit Kraftkleber bringen Sie das Verzierungsmaterial an und lassen den Kleber 48 Stunden trocknen. Dann Mörtel anrühren, darüberstreichen und 20 Minuten antrocknen lassen. Die Überschüsse entfernen Sie mit einem feuchten Schwamm. Tipp: Verzichten Sie bei Oberflächen mit vielen Rillen (zum Beispiel Muscheln) auf die Fugenmasse.

... öde Balkonbrüstungen

Balkonbrüstungen sind in erster Linie dazu gedacht, den verheerenden Schritt ins Leere zu verhindern. Insofern dürften die meisten Exemplare ihre Aufgabe mit »sehr gut« meistern. Was das Aussehen angeht, fallen viele jedoch eher in die Kategorie »hat sich bemüht«. Grauen Betonschalen, Gittern mit abblätterndem Lack und steril wirkenden Metallkonstruktionen können Sie jedoch relativ einfach neues Leben einhauchen. Schon ein neuer Anstrich kann wahre Wunder wirken und ist bei glatten Flächen innerhalb weniger Stunden erledigt. Ist die Oberfläche beschädigt und muss vor dem Bemalen abgeschliffen oder neu verputzt werden, können hingegen schon ein paar Tage für die Renovierungsaktion draufgehen. Wem das zu aufwendig ist, der verlegt sich stattdessen aufs Verstecken. Fertige Verkleidungen gibt es in großer Auswahl, beispielsweise mit Streifen, Blumenwiesen und anderen Motiven bedruckte Textilbanden oder mit künstlichen Efeublättern bestückte Netze. Zu kitschig? Dann gefallen Ihnen vielleicht die ebenfalls in vielen Varianten erhältlichen Sichtschutzmatten aus Naturmaterialien wie Reet, Schilf oder Heidekraut. Oder Sie arrangieren einfach höhere Topfpflanzen vor der Brüstung – zum Beispiel elegant in Form eines Kastens mit Gräsern oder fröhlichverspielt mit bunten Sommerblumen.

Sicht- und Windschutz

Noch im Pyjama mit einem Pott Kaffee die Morgensonne genießen – das Leben kann so schön sein. Zumindest wenn keine schrägen Blicke vom Nachbarbalkon oder Zugluft drohen.

Gerade moderne Balkone punkten dank Bodengittern und Brüstungen aus Metallstreben oft mit luftig-leichtem Aussehen. Dummerweise sehen sie aber nicht nur so aus: Viele Freisitze sind eher zugig als luftig und bieten Nachbarn jede Gelegenheit, sich ein umfassendes Bild von den Balkonbenutzern zu machen. Gegen ungewollte Einblicke von unten hilft ein blickdichter Bodenbelag (→ Seite 140), gegen Blicke von oben – was

auch im Hof nerven kann – setzen Sie eigene Beschatter in Form von Markisen, Sonnenschirmen oder -segeln ein. Je nach Größe bietet sich für den Hof sogar eine kleine Pergola an, die Sie mit attraktiv blühenden Kletterpflanzen oder sogar mit Obstgehölzen wie Kiwis oder Weinreben begrünen können.

Senkrechtstarter

Kletterpflanzen peppen auch seitliche Sichtschutzlösungen auf. Im Handel finden Sie viele fertige Sichtschutzelemente, Rankgitter oder Pflanzkästen mit integrierten Rankhilfen. Es geht aber auch viel simpler, etwa indem Sie an einer Balkonseite ein Netz oder einzelne Schnüre aufspannen, an denen sich Duftwicke, Feuerbohne & Co. hinaufhangeln können. Diese Variante ist luftdurchlässiger als geschlossene Sichtschutzwände aus Holz oder Stoff (→ Seite 147), was gerade in Südlagen durchaus von Vorteil sein kann. Auch einzelne Kübel mit hohen Pflanzen, etwa Bambus oder anderen Ziergräsern, ergeben einen passablen Sichtschutz und halten die ärgste Zugluft ab. Nicht ganz billig, aber super, wenn es schnell gehen soll: fertige Heckenelemente in rollbaren Kästen. Sie sind von Anfang an blickdicht, bringen frisches Grün in die Gestaltung und lassen sich ohne Aufwand neu arrangieren.

> Für Balkone, die nur durch eine halbhohe Brüstung getrennt sind, eignet sich eine fächerförmige Sonnenblende als Sichtschutz und Schattenspender.

Ein gespanntes Netz wird mit einjährigen Kletterpflanzen zum attraktiven Sichtschutz.

Schnell gemacht

SICHTSCHUTZ BASTELN:

1. Stoff auffädeln
Für die einfachste Variante nehmen Sie ein Bettlaken und schneiden entlang der Längsseite mit der Schere in regelmäßigen Abständen Löcher hinein. Durch diese ziehen Sie einen Draht oder eine stabile Schnur. Für die Luxusvariante verwenden Sie einen gekauften Gardinenschal oder nähen einen selbst.

2. Für Spannung sorgen
Befestigen Sie den Draht oder die Schnur am Balkongerüst. Ist dort keine Möglichkeit vorhanden, schaffen Sie eine Alternative: Stecken Sie einen Holzpfahl in einen Weihnachtsbaumständer oder einen Pflanzkasten oder betonieren Sie ihn in einen Eimer ein.

3. Lichten Schatten genießen
Nun können Sie die Vorhänge nach Belieben zu- oder bei schlechtem Wetter aufziehen.

Best of Kletterpflanzen – die gelingen immer

Feuerbohne
Phaseolus coccineus

| J | F | M | A | M | J | J | A | S | O | N | D |

Saattiefe: 3 cm | Pflanzabstand: 30 cm

Wuchs: Trägt attraktive große Blätter und feuerrote oder weiße Blüten. An Stangen, gespannten Seilen oder sonstigen Kletterhilfen schlingt sich die einjährige Pflanze je nach Sorte 2–4 m in die Höhe.

Pflege: Benötigt viel Feuchtigkeit. 20 cm große Jungpflanzen häufelt man bis zum ersten Blattpaar mit Erde an.

Extra-Tipp: Die Kerne und die jungen Schoten sind gekocht essbar. Etwa ab August kann man sie ernten. Wer viele Blüten bevorzugt, knipst den Sommer über Verblühtes regelmäßig aus.

Schwarzäugige Susanne
Thunbergia alata

| J | F | M | A | M | J | J | A | S | O | N | D |

Saattiefe: 0,5 cm | Pflanzabstand: 40 cm

Wuchs: Um das dunkle Auge der bis zu 2 m großen Schlingpflanzen gruppieren sich sonnengelbe Blütenblätter. Neu sind Sorten in Pastelltönen von Apricot bis Creme wie 'African Sunset' oder in Weiß wie 'Susie White Black Eye'.

Pflege: Regelmäßig gießen, aber Staunässe vermeiden. Wöchentlich mit Flüssigdünger im Gießwasser versorgen.

Extra-Tipp: Sehr hübsch an selbst gebastelten Rankobelisken. Dafür drei bis fünf Bambusstäbe in einen Topf stecken und zeltförmig zusammenbinden.

Duftwicke
Lathyrus odoratus

| J | F | M | A | M | J | J | A | S | O | N | D |

Saattiefe: 4 cm | Pflanzabstand: 20 cm

Wuchs: Die einjährigen Pflanzen erobern Zäune und Kletterhilfen im Handumdrehen mit ihren bis zu 2 m langen Ranken. Sie tragen filigranes Laub und auffällige ein- oder mehrfarbige Blüten in Weiß, Violett, Pink und Pastelltönen.

Pflege: In frischer Blumenerde ist keine Düngung notwendig, ansonsten reicht etwas Kompost. Regelmäßig gießen.

Extra-Tipp: Samen vor der Aussaat einen Tag in Wasser vorquellen lassen. Ein regelmäßiger Schnitt für Blumensträuße regt die Blütenbildung an.

■ = Vorkultur ■ = Aussaat ■ = Pflanzzeit ■ = Blütezeit   ☀ Sonne ◑ Halbschatten ● Schatten

Wilder Wein

Parthenocissus spec.

J F M A M J J A S O N D ● ☽ ☀

Pflanzgefäß: min. 15 Liter

Wuchs: Wilder Wein (*P. quinquefolia*) wächst ca. 1,5 m/Jahr und wird bis zu 20 m groß. Die Jungfernrebe (*P. tricuspidata*, z. B. 'Veitchii') bleibt etwas kleiner. Tolle Herbstfärbung. Die blauschwarzen Beeren sind ungenießbar.

Pflege: Durch Rückschnitt auf gewünschter Höhe halten. Kompost im Frühjahr.

Extra-Tipp: Die Jungfernrebe ist für eine Rankhilfe dankbar, Wilder Wein klettert mithilfe von Haftscheiben. Nur an intaktes Mauerwerk setzen, Vermieter fragen!

Geißblatt

Lonicera spec.

J F M A M J J A S O N D ● ☽ ☀

Pflanzgefäß: min. 15 Liter

Wuchs: Geißblätter sind mehrjährig und brauchen eine Rankhilfe. Das Feuer-Geißblatt (*L. × heckrottii*) wächst langsam, hat mit 3 m Wuchshöhe einen geringen Platzbedarf und bildet viele duftende Blüten und frischgrünes Laub.

Pflege: Im März um die Hälfte zurückschneiden, dann treibt es wieder neu aus. Im April, Juni und Anfang August mit ein paar Handvoll Kompost versorgen.

Extra-Tipp: Viele Geißblattarten verströmen ein zartes Parfum. Das Immergrüne Geißblatt (*L. henryi*) ist zudem auch im Winter ein schöner Anblick.

Trompetenblume

Campsis radicans

J F M A M J J A S O N D ☽ ☀

Pflanzgefäß: min. 15 Liter

Wuchs: Je nach Sorte 2–5 m hoch. Über dem gefiederten Laub erscheinen üppige Rispen mit trompetenförmigen Blüten in Gelb, Orange oder Rot.

Pflege: Klettert mit Haftwurzeln. Anfangs ist eine Rankhilfe sinnvoll. Im Frühjahr mit Kompost düngen. Warm und geschützt stellen, im Winter den Fuß mit Tannenzweigen abdecken und den Topf in Noppenfolie einpacken.

Extra-Tipp: Anfang April auf die gewünschte Höhe kürzen – das regt die Verzweigung und Blütenbildung an.

Nachbarschaftspflege

Gerade im engen Großstadtdschungel ist es nett, wenn neben den Pflanzen auch die nachbarschaftlichen Bande gut gedeihen. Hier ein paar Tipps für den Umgang mit dieser ganz besonderen Spezies.

Info

Die offiziellen Ruhezeiten unterscheiden sich je nach Bundesland etwas. Die Nachtruhe dauert aber fast überall von 22 Uhr bis 6 Uhr morgens.

Pflegen Sie nicht nur Ihre Pflanzen, sondern auch die Beziehung zu Meiers von nebenan. Andernfalls kann es passieren, dass eben noch zuckersüße Geschöpfe im nächsten Moment absolut ungenießbar werden. Im Gegensatz zu Pflanzen möchten Nachbarn beispielsweise nicht gegossen werden. Gegen ein kühles Bierchen haben zwar viele Arten nichts einzuwenden, gegen Gießwasser von oben jedoch allerhand. Im Gegensatz zu gelegentlich herabfallenden Blättern, die toleriert werden müssen, kann sich der Nachbar gegen regelmäßig auf seinen Balkon herabplätscherndes Wasser gerichtlich oder mittels Schlichter zur Wehr setzen. Was hilft: Nicht zu viel auf einmal gießen, Balkonkästen mit Wasserspeicher anstelle eines Ablaufs verwenden oder auf Tröpfchenbewässerung setzen. Gut zu wissen: Prinzipiell

Grillrauch sorgt oft für Streit. Möglicher Kompromiss: Ein Elektrogrill verursacht weniger Rauch.

dürfen Mieter ihren Balkon mit Balkonkästen und Pflanzkübeln dekorieren, der Vermieter kann dies auch per Mietvertrag nicht verbieten. Im Gegenzug muss der Mieter seine Verkehrssicherungspflicht wahrnehmen und Gefäße etwa gegen Herabfallen sichern. Auch darf die Traglast des Balkons nicht überschritten werden. Bei größeren Vorhaben wie einem Hochbeet sollte man sich also besser vorher danach erkundigen.

Alles Fassade

Kletterpflanzen dürfen weder Fassade noch Mauerwerk beschädigen. Andernfalls trägt der Mieter die dadurch entstandenen Kosten. Gefahr droht vor allem von Efeu, Blauregen (*Wisteria*) und dem rasch wachsenden Knöterich (*Polygonum*): Die Haftwurzeln des Efeus sind Lichtflieher, die sich in kleinste Putzrisse schieben und in der Folge ganze Placken wegsprengen können. Auch Blauregen und Knöterich lassen gerne die Muskeln spielen und drücken mühelos jedes Regenrohr zusammen. Selbst beim vergleichsweise harmlosen Wilden Wein und anderen Selbstklimmern sollten Sie bedenken, dass sich die Haftorgane nicht ohne Weiteres entfernen lassen, wenn die Pflanzen einmal nicht mehr erwünscht sind. Wer in einem Mietshaus wohnt und eine

Fassadenbegrünung plant, sollte daher unbedingt vorher das Einverständnis seines Vermieters einholen, bei Eigentumswohnungen sollte man die Eigentümergemeinschaft um ihre Zustimmung bitten. Ein weiterer Tipp: Schneiden Sie Kletterpflanzen rechtzeitig zurück, solange sie sich noch in Ihrer Reichweite befinden – spätestens jedoch 1 m unterhalb des Dachs, damit sie keine Dachziegeln hochdrücken.

Auf glühenden Kohlen

Der Vermieter kann das Grillen auf dem Balkon oder im Hof per Mietvertrag verbieten. Wo sich eine solche Klausel findet, sollten Sie verhandeln: Vielleicht lässt sich der Vermieter ja auf einen Elektrogrill ein, denn damit vermeiden Sie die am häufigsten beanstandete Rauchbelästigung. Unabhängig von der Einstellung des Vermieters droht beispielsweise in Brandenburg und Nordrhein-Westfalen ein Bußgeld, wenn Nachbarn sich durch Rauch oder Geruch belästigt fühlen. Was die Grillhäufigkeit angeht, gibt es ebenfalls keine einheitliche Regelung. Was Richter für angemessen halten, schwankt bundesweit zwischen höchstens zweimal jährlich bis hin zu zweimal pro Wochenende. Bestes Rezept: Nicht übertreiben und die Nachbarn gegebenenfalls vorwarnen. Das gilt auch fürs Thema Party, denn hier sind Sie an die gesetzlichen Ruhezeiten gebunden. Wer nicht feiert, bis die Polizei kommt, vermeidet eine Anzeige wegen Lärmbelästigung, eine Geldbuße von bis zu 5000 Euro und Dauerstress mit den Nachbarn.

Bei außen liegenden Balkonkästen nur die Blumen gießen, nicht die Passanten.

Partyalarm? Wer fröhlich und stressfrei feiern will, hält sich an die Ruhezeiten.

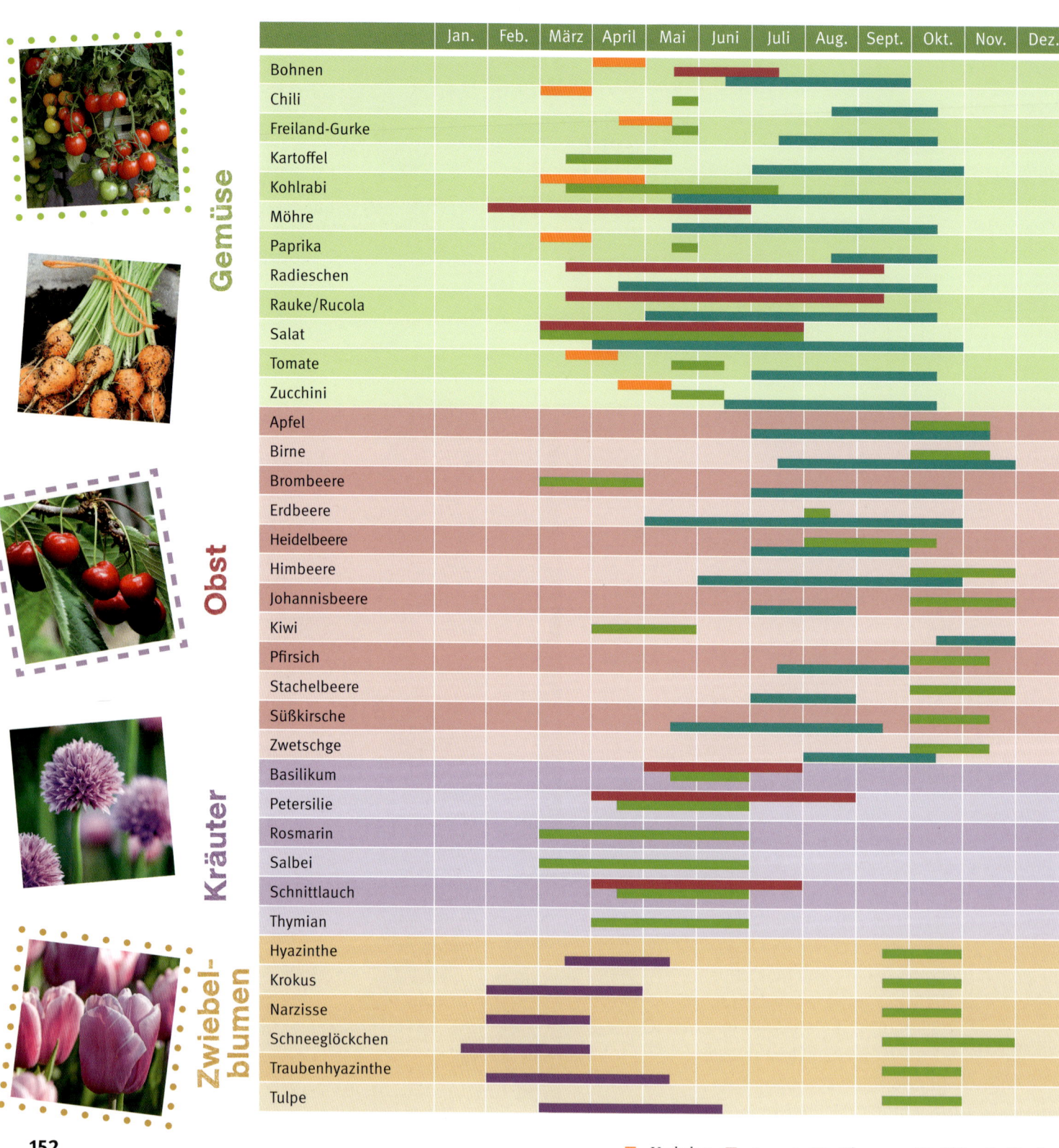

	Jan.	Feb.	März	April	Mai	Juni	Juli	Aug.	Sept.	Okt.	Nov.	Dez.
Gemüse												
Bohnen												
Chili												
Freiland-Gurke												
Kartoffel												
Kohlrabi												
Möhre												
Paprika												
Radieschen												
Rauke/Rucola												
Salat												
Tomate												
Zucchini												
Obst												
Apfel												
Birne												
Brombeere												
Erdbeere												
Heidelbeere												
Himbeere												
Johannisbeere												
Kiwi												
Pfirsich												
Stachelbeere												
Süßkirsche												
Zwetschge												
Kräuter												
Basilikum												
Petersilie												
Rosmarin												
Salbei												
Schnittlauch												
Thymian												
Zwiebelblumen												
Hyazinthe												
Krokus												
Narzisse												
Schneeglöckchen												
Traubenhyazinthe												
Tulpe												

■ = Vorkultur ■ = Aussaat ■ = Pflanzung ■ = Blütezeit ■ = Ernte

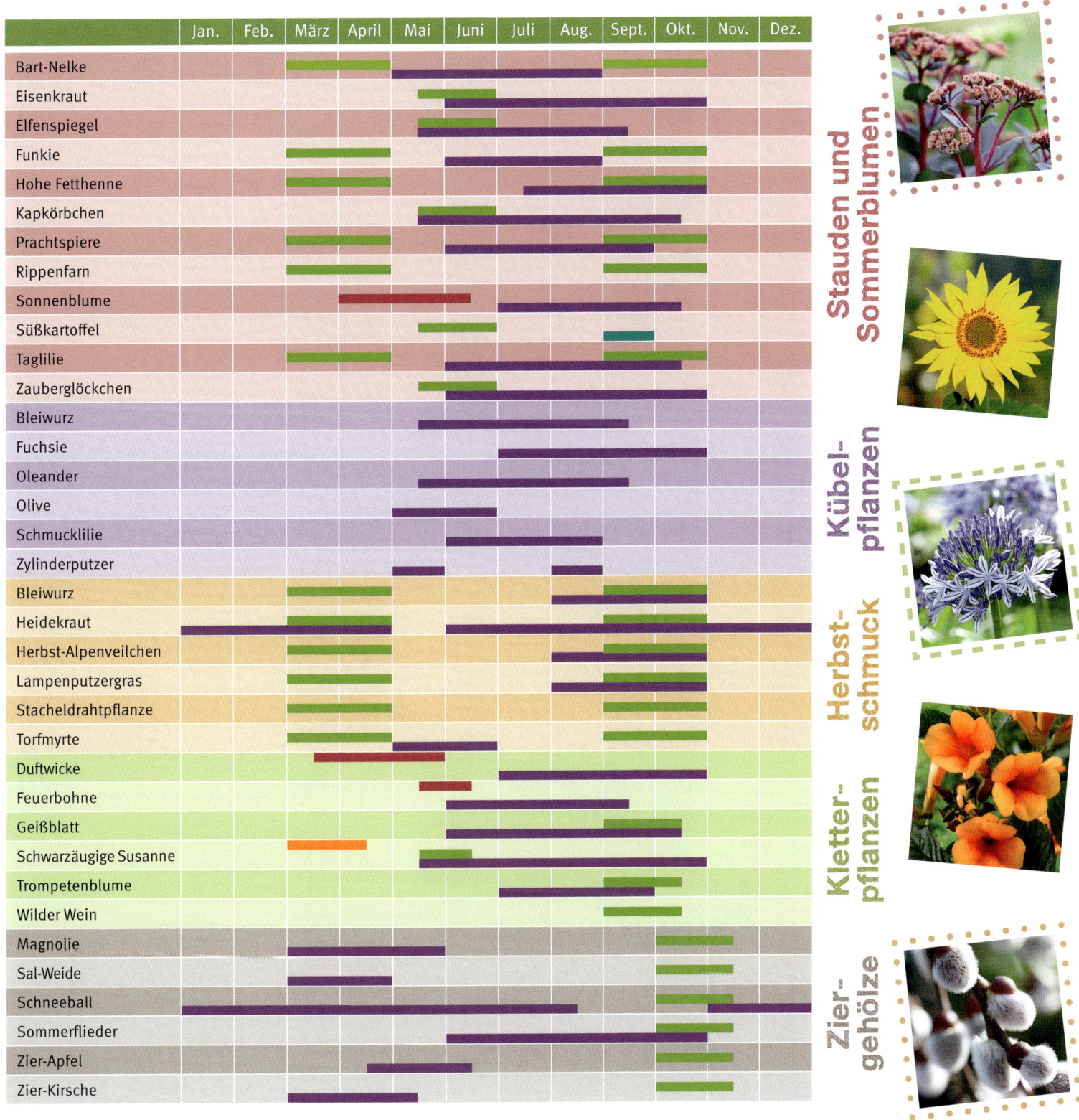

	Jan.	Feb.	März	April	Mai	Juni	Juli	Aug.	Sept.	Okt.	Nov.	Dez.
Bart-Nelke												
Eisenkraut												
Elfenspiegel												
Funkie												
Hohe Fetthenne												
Kapkörbchen												
Prachtspiere												
Rippenfarn												
Sonnenblume												
Süßkartoffel												
Taglilie												
Zauberglöckchen												
Bleiwurz												
Fuchsie												
Oleander												
Olive												
Schmucklilie												
Zylinderputzer												
Bleiwurz												
Heidekraut												
Herbst-Alpenveilchen												
Lampenputzergras												
Stacheldrahtpflanze												
Torfmyrte												
Duftwicke												
Feuerbohne												
Geißblatt												
Schwarzäugige Susanne												
Trompetenblume												
Wilder Wein												
Magnolie												
Sal-Weide												
Schneeball												
Sommerflieder												
Zier-Apfel												
Zier-Kirsche												

Stauden und Sommerblumen

Kübelpflanzen

Herbstschmuck

Kletterpflanzen

Ziergehölze

Hinweis: Angegeben ist stets der optimale Zeitraum für die Pflanzung.

Adressen und Literatur

Pflanzen und Saatgut

Stauden

www.baldur-garten.at
www.frei-weinlandstauden.ch
www.gluecksgarten.at
www.staudengaissmayer.de
www.stauden-shop.ch
www.stauden-stade.de

Kräuter und Duftpflanzen

www.blu-blumen.de
www.kraeuter-und-duftpflanzen.de
www.syringa-pflanzen.de

Kübelpflanzen

www.floramediterranea.de
www.flora-toskana.de

Bäume, Sträucher, Naschobst

www.baumschule-horstmann.de
www.baumschule-wolf.at
www.eggert-baumschulen.de
www.haeberli-beeren.ch
www.obstzentrum.de
www.wundersgartenwelt.de

Saatgut, -bänder, -scheiben

www.gartenversandhaus.de
www.nebelung.de
www.pflanzenfee.at
www.samen.ch
www.saemereien.ch

Gemüsesorten

www.arche-noah.at
www.dreschflegel-saatgut.de
www.nutzpflanzenvielfalt.de
www.irinas-tomaten.de
www.prospecierara.ch
www.reinsaat.at
www.saatgut-vielfalt.de
www.saemereien.ch
www.samenfest.de

Blumenzwiebeln

www.albrechthoch-shop.de
www.bakker.at
www.blumenzwiebeln.net
www.treppens.de

Nützliches Zubehör

Paper-Potter, Papiertopfpresse

www.staudengaerten.de

Drainagekissen

emsa – in vielen Gartencentern,
Händlersucher: www.emsa.com

Kokosquelltöpfe & Co.

www.samenhaus.de

Pflanztaschen, Growing-Bags

www.garten-gabel.com
www.plantu.de
www.thegardenshop.de

Blumentopfbürsten

www.buerstenscheune.de

Pflanzenlift für Blumenampeln

www.moderne-hausfrau.de

Gartenschlauchadapter für Wasserhähne, Tropfbewässerung

Gardena – in vielen Gartencentern,
Händlersucher: www.gardena.com

Bewässerungsspikes

www.baldur-garten.de

Aufblasbare Gewächshäuser

www.herbagard.de

Weidenruten

www.re-natur.de (Versand frischer
Ruten nur von Januar bis März)

Sichtschutzmatten und -wände aus Naturmaterialien

www.hiss-reet-shop.de
www.weidenprofi.de

Balkongeländergrill, Solarleuchten, Tischfeuer und mehr

www.coolstuff.de
www.design-3000.de
www.lampenwelt.de

Sonnenschirme & Co.
http://garten.ladenzeile.de

Platzsparende Möbel
www.meingartenversand.de
http://moebel.ladenzeile.de
www.stadtbedarf.de

Kunstrasen
www.golden-green.de
www.kunstrasen-paradies.de
www.kunstrasenwelt.de

Outdoor-Teppiche
www.ladenzeile.de
www.naturfaser-teppiche.de
www.relaxfactory.de

Hochbeete
www.gartenallerlei.de
www.hoch-beet.at

Wurmkomposter
www.kompostladen.de
Anleitungen zum Selberbauen:
www.worm-composting-help.
com / selbst-gebaute-wurmfarm.html
www.gwa-online.de / cms / up-
load / pdf / falt / wurmkiste.pdf

Nützlinge
www.katzbiotech.de
www.nuetzlinge-shop.de

Bestellkarten auch in vielen Gartencentern erhältlich, Händlersucher unter
www.neudorff.de

Insektenhotels
www.bundladen.de
www.luxus-insektenhotel.de

Wasserspeichergranulat, torffreie Erden und Briketts, Präparate mit Neem, Rapsöl oder Kaliseife
www.schneckenprofi.de

Gartenbedarf
www.gartenbedarf-versand.de

Masking-Tape (Washi-Tape) und anderer Bastelbedarf
www.creativ-discount.de
www.stempellaedle.de

Tonpulver
Im Baustoffhandel, in Läden mit Töp-
ferei- oder Terraristikbedarf oder unter
www.lehmdiscount.de

Praktische Links
www.mein-schoener-garten.de
www.lwg.bayern.de
www.hortipendium.de
www.was-wir-essen.de
www.bio-gärtner.de

Beratungseinrichtungen
www.gartenbauvereine.de
www.gartenakademien.de
www.kleingarten-bund.de

Infos zum Pflanzenschutz
http://alps.jki.bund.de
www.hausgarten.pflanzenschutz-infor-
mation.de

Bücher, die weiterhelfen

Barlage, A./Fleuchaus, E./Haas, H./
Jany, C./Schuster, T.: Quickfinder
Gartenpraxis. Gräfe und Unzer Verlag,
München
Grabner, M.: Balkonernte: Gestalten,
pflanzen, naschen. Kosmos-Verlag,
Stuttgart
Heistinger, A./Arche Noah: Handbuch
Bio-Balkongarten. Ulmer Verlag, Stutt-
gart
Herr, E.: Mein Balkon: Gestaltungs-
ideen für jeden Typ. Gräfe und Unzer
Verlag, München
Herr, E.: Selbstversorgung auf kleins-
tem Raum. Gräfe und Unzer Verlag,
München

Register

Gartenlust pur.

ISBN 978-3-8338-3790-6

ISBN 978-3-8338-3469-1

ISBN 978-3-8338-2907-9

ISBN 978-3-8338-4491-1

ISBN 978-3-8338-3697-8

ISBN 978-3-8338-1612-3

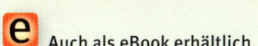

e Auch als eBook erhältlich.

Die Autorin

Mascha Schacht (Dipl.-Ing.) arbeitete nach ihrem Gartenbaustudium an der Fachhochschule Erfurt als Redakteurin bei der Zeitschrift „Mein schöner Garten" in Offenburg. Seit Ende 2009 schreibt sie als freie Gartenjournalistin regelmäßig für diverse Gartenzeitschriften und ist als Buchautorin tätig. 2011 und 2013 zählte sie zu den Preisträgern des Deutschen Gartenbuchpreises. In ihrer Freizeit liest sie gerne, spricht den Pflanzen auf ihrem Südbalkon Mut zu oder quält sich mit der Frage, welche Sträucher noch in ihren Garten passen.

Bildnachweis

Cover: Renate Forster/Lisa Martin
blickwinkel/McPHOTO: 61-1; **Barbara Bonisolli:** 87-2; **Elke Borkowski:** 56-2, 68-2, 82-2; **botanik-foto:** 104-2, 105-3, 106-5, 117-3; **Christa Brand:** 148-2; **Bruno Nebelung GmbH/Kiepenkerl:** 94-5; **Flora Press:** 11-1, 11-2, 13-2, 19-2, 21-1 , 21-2, 23-1, 27-1, 28-1, 29-3, 30, 32-1, 32-2, 36-1, 36-2, 36-3, 37-1, 37-2, 37-3, 38, 40-2, 40-3, 41-1, 42-3, 43-1, 43-2, 43-3, 43-4, 49-2, 49-3, 53, 57-1, 60-3, 61-3, 63-2, 68-1, 69-3, 76-1, 76-2, 76-3, 77-1, 77-2, 77-3, 82-1, 83-1, 85-1, 85-2, 91-1, 94-2, 94-3, 94-4, 95-3, 95-4, 96-2, 97-1, 97-2, 97-3, 104-1, 106-3, 107-1, 107-4, 109-1, 117-1, 120-1, 120-2, 123-2, 123-3, 124-1, 137-1, 139-1, 142, 148-3, 149-2, 149-3; **GAP:** 20, 22, 23-2, 27-2, 28-2, 40-1, 41-3, 42-4, 42-5, 45-1, 48-1, 48-2, 48-3, 49-1, 50, 52-2, 56-1, 56-3, 57-3, 60-2, 61-2, 62, 7-1, 7-2, 70, 82-3, 83-2, 83-3, 84, 91-2, 96-1, 96-3, 100, 104-3, 105-1, 105-2, 107-2, 114-2, 114-3, 115-1, 115-2, 115-3, 116-2, 116-4, 117-2, 119-1, 119-2, 12-1, 124-2, 124-3, 125-1, 125-2, 125-3, 138, 148-1, 149-1; **gartenfoto.eu/Martin Staffler/Produktion Folko Kullmann:** 6, 13-1, 14, 15-1, 15-2, 16, 17-1, 19-1, 24, 26, 31-1, 33-1, 34, 35-1, 35-2, 35-3, 35-4, 47-1, 47-2, 54, 55-1, 55-2, 55-3, 55-4, 59-1, 64, 65-1, 65-2, 65-3, 65-4, 66, 67-1, 71-1, 71-2, 72-1, 73-1, 74, 75-1, 75-2, 75-3, 75-4, 80, 81-1, 81-2, 81-3, 81-4, 86-1, 86-2, 87-1, 88, 89, 90, 98, 99-1, 99-2, 99-3, 99-4, 101-1, 101-2, 101-3, 102, 110, 111-1, 111-2, 111-3, 111-4, 113-1, 113-2, 118, 126, 127-1, 127-2, 127-3, 127-4, 128-2, 130, 132, 133-1, 133-2, 136, 141-1, 141-2, 141-3, 143-1, 144, 147-1, 147-2, 147-3, 151-1; **Gärtnerei Blu-Blumen:** 107-3; **GBA/Engelhardt:** 41-2; **Manuela Göhner:** 57-2; **living4media:** /Andreas von Einsiedel 117-4, / Modeste Herwig 112; **Marianne Majerus Garden**

Images: 140; **Kristijan Matic:** 17-2, 18, 33-2, 39-2, 59-2, 73-2, 145-2; **mauritius images:** 8; **Picture Press:** 137-2; **plainpicture:** 93-2,109-2,143-2,151-2; **ReinSaat KG:** 95-1; **Anke Schütz:** 69-2, 121-1; **Shutterstock:** 2/3, 12-2, 45-3, 93-1, 114-1, 120-3, 122, 123-1, 128-1, 150; **Staudengärtnerei Gaißmayer:** 106-2, 106-4; **StockFood:** 9, 28-3, 29-1, 29-2, 44, 67-2, 68-3, 69-1, 121-3, 103-1, 103-2, 129-1, 129-2, 129-3; **Friedrich Strauß:** 10, 31-2, 39-1, 42-2, 45-2, 46, 51-1, 51-2, 52-1, 58-1, 58-2, 60-1, 63-1, 72-2, 78, 79, 92, 103-3, 108, 116-3, 116-5, 121-2, 131, 133-3, 133-4, 134, 135-1, 135-2, 135-3, 145-1, 146; **Irina Zacharias:** 95-2. Alle Illustrationen von **Heidi Janiček.**

Impressum

© 2015 GRÄFE UND UNZER VERLAG GmbH, München

Idee und Projektleitung: Angelika Holdau
Lektorat: Frauke Bahle
Bildredaktion: Folko Kullmann
Satz: Marion Feldmann
Layout und Umschlaggestaltung: independent Medien-Design, Horst Moser, München
Produktion: Petra Roth
Reproduktionen: Longo AG, Bozen
Druck und Bindung: PRINTER TRENTO S.r.l., Trento
Syndication: www.jalag-syndication.de

ISBN 978-3-8338-3936-8

1. Auflage 2015

QUALITÄTS GU GARANTIE

Liebe Leserin, lieber Leser,

haben wir Ihre Erwartungen erfüllt? Sind Sie mit diesem Buch zufrieden? Haben Sie weitere Fragen zu diesem Thema? Wir freuen uns auf Ihre Rückmeldung, auf Lob, Kritik und Anregungen, damit wir für Sie immer besser werden können.

GRÄFE UND UNZER Verlag
Leserservice
Postfach 86 03 13
81630 München
E-Mail: leserservice@graefe-und-unzer.de

Telefon: 00800 / 72 37 33 33*
Telefax: 00800 / 50 12 05 44*
Mo–Do: 8.00–18.00 Uhr, Fr: 8.00–16.00 Uhr
(* gebührenfrei in D, A, CH)

Ihr GRÄFE UND UNZER Verlag
Der erste Ratgeberverlag – seit 1722.

Dank

Der Verlag und der Fotograf Martin Staffler bedanken sich bei den Models Eva, Sarah-Lena, Rebecca, Claudia, Constanze, Barbara und Charlotte für die Produktion der Praxisbilder sowie bei Ralf Zink und Andreas Bienert, Manuel Kloker, Thomas Laufer, Kristijan Matic und Folko Kullmann für die Erlaubnis, Motive von ihren Balkonen und Dachterrassen verwenden zu dürfen.

GRÄFE UND UNZER
Ein Unternehmen der
GANSKE VERLAGSGRUPPE